Amazon 個人輸出＆輸入で実現する「雇われない生き方」

大越雄介
OKOSHI YUSUKE

幻冬舎MC

Amazon個人輸出＆輸入で実現する「雇われない生き方」

はじめに

安定と安心。

突き詰めて言えば、この二つが会社員となるメリットでした。

「でした」と過去形にしたのは、徐々にではあるものの、確実にそのメリットが小さくなっているからです。

直近のデータを見ると、会社員の平均年収は400万円ちょっとです。私が社会人になった2000年ごろの平均と比べると1割ほど減っています。収入が減れば当然、安定感は薄れます。

貯蓄の状況を見てみても、金額そのものは緩やかに減っている程度ですが、貯蓄なしの世帯は増える一方です。月々の給料が減ることにより、給料によって支えられている家計やライフプランもぐらつき始めているのです。

安心感も薄れています。周知のとおり、終身雇用の文化はすでに廃れつつあります。定年まで勤め上げた際の退職金も、2017年の大卒者平均は1788万円と、ピーク時の

1997年に比べて1000万円以上も減少しているのです。
また厚生年金は老後の安心の礎だったのが、受給年齢は徐々に引き上げられ、制度自体の存続すら疑う声も出ています。肝心の年金制度も頼りないのです。

世の中のあらゆる変化が「雇われる生き方」に限界がきていることを示しています。
私自身、酒屋チェーンの店長として勤務するなかで雇われることの限界を感じました。重いビールケースの持ち運び、売上管理やシフト管理……体も心も削って深夜まで働いても、収入はさして増えない。貯金の額も横ばいで、未来がまったく見えない気持ちでした。

その流れに抗うために私が決心したのが、「雇われない生き方」を実現することです。

私は現在、サラリーマンを辞めたい人や、会社員人生に疑問を持っている人に向け、まずは副業として稼ぎ始め、早期に独立を目指す「雇われない生き方」を提案しています。具体的には、個人で輸出入を代行し、稼いでいくためのノウハウを教えるスクールをつくり、雇われなくても安定した収入を得るための基盤づくりを手伝っています。

なぜ輸出入代行を手段にしているかというと、それが私の「雇われない生き方」を実現できた唯一の手段だったからです。

当然のことですが、会社を辞めるなら給料に代わる収入源を作らなければなりません。そう思った当時の私は、稼げそうな方法を探し回りました。起業や開業のセミナーを聞きに行き、時には怪しい話に飛びついて失敗したこともありました。

そんななかで、唯一うまくいったのが輸出入だったのです。

過去に輸出入も物販もやったことはありません。見よう見まねで取り組み、パソコンの前でカチャカチャやってみただけです。

逆に言えば、パソコンとインターネットにつながる環境さえあればすぐに始められるのが輸出入のいいところです。元手はほとんど掛からず、売れ残りの在庫を抱えるリスクを抑えながら稼ぐことができるのです。その仕組みについては、本文で詳しく解説します。

「会社に行かなくていい」「嫌な仕事に追い回されずに済む」という解放感に浸りながら、好きな時間に作業できるのはまさに理想的でした。

加えて、思っていたよりもずっと頑張りが報われるのが輸出入で、努力すればするほど稼ぎは安定し、増えていきました。

当初は「月商30万円くらい売り上げられたらラッキー」くらいに考えていたのですが、気づけば4カ月目の時点で月商１００万円になっていました。

数年経って振り返ってみたら、雇われていた時よりも経済的に豊かになり、時間的、精神的に自由になっていました。

「雇われる生き方」でしか得られないと思っていた安定と安心を、「雇われない生き方」によって手に入れることができたのです。

雇われない生き方は、思っているほど難しくありません。ほんの少しのお金と勇気とやる気とノウハウがあれば、誰にでもできるものです。

本書は、スクールで教えている輸出入のノウハウを活かして、「雇われない生き方」を実現する方法をまとめたものです。

「雇われない生き方」を実現する意識とスキルを身に付けて、自らの手で会社に依存する生き方を断ち切ってください。

本書が豊かで自由な未来を手に入れるために役立つことを祈っています。

目次

第1章

本業以外の収入が必須の時代
「雇われない生き方」とは？

第2章

片手間＆少額資金で始められる！「雇われない生き方」はAmazon無在庫販売で実現する

第3章

アカウント開設から商品発送、入金まで
実践！ 4カ月で月商100万円を稼ぐAmazon無在庫販売

第4章

ツール活用、外注化、多店舗展開……ビジネスを拡大してさらに稼ぐテクニック

終章 「雇われない生き方」に踏み出せば人生は4カ月で激変する

序章

◇◇◇◇◇◇◇◇◇◇◇◇

「雇われる生き方」の限界

幸せに生きるための二つの条件

本書は、Amazonなどのショッピングサイトを使った個人輸入・輸出で稼ぎ、会社などに雇われない生き方を実現する方法をまとめた本です。

そのメリットや具体的なノウハウは次章以降で説明していきますが、その前に、まずはなぜ雇われない生き方を実現する必要があるのかを確認しておきましょう。

ポイントは、これまで当たり前だった「雇われる生き方」では、幸せな人生が送れなくなる可能性が高いということです。

幸せな人生の定義は人それぞれですが、幸せになるために全員に共通している必要最低限の条件は、安定と安心の二つだと思います。

この二つの条件を満たす最も効率的な手段が会社員になることです。

一つ目の条件である安定については、まず給料が定期的に支払われ、いきなりゼロ円になったりすることがありません。とても安定しています。

家を買う時などにローンが組めるのも会社が安定的に経営されていたり、その結果として給料が安定的に支払われていることが根拠になっています。

また、失業した時は雇用保険の失業手当がありますし、老後に関しては厚生年金があります。会社によっては給料の一部を積み立て、運用する仕組みを用意してくれているところもあります。これらも日々の生活と将来の暮らしを安定させる材料です。

二つ目の条件である安心については、まず会社は労働基準法やコンプライアンスに則って機能しているため、奴隷のように扱われることがありません。これは安心材料といえるでしょう。

仮に仕事で損を出したとしても損失を自腹で補填するようなことはありませんし、会社と従業員は雇用契約を結んでいる関係ですので、ある日突然クビになったりすることもありません。このような環境も安心して働けることの礎となっています。

まずはこの二つがそろわなければ幸せな人生になりません。

リッチな生活や愛のある暮らしを実現するにしても、健康、長生き、夢の実現などを目指すにしても、その土台となるのは安定と安心の二つであり、会社などに雇われることによってこの二つが手に入ることがこれまでの一般常識だったのです。

「それなり」を実現する最適戦略だった

雇われることによって安定と安心が満たせる仕組みは、高望みしない人や、「それなり」の人生で十分だと思っている人にも重要です。

安定と安心がそろい、とりあえず可もなく不可もない人生を送ることが「それなり」の人生であるといっても良いと思います。

例えば、私です。

私は有名になりたいとは思いませんし、チヤホヤされたいとも思いません。キラキラしたセレブ生活にも憧れませんし、長生き願望もありません。

「それなり」でいいのです。

そういう人でも、給料泥棒と言われない程度に仕事をすれば、それなりの給料がもらえます。ずば抜けた結果を出さなくても、とんでもない問題さえ起こさなければ、それなりの生活ができます。

そういう「ぬるま湯」のような環境で、必要最低限の仕事をし、必要最低限の生活を実現できることが、「それなり」で満足できる人にとってとても居心地が良いのです。

60年代には雇われている人の割合は6割くらいでした。

その後、雇われている人の割合は、70年代に7割、80年代は8割と増え、90年代以降は8割から推移しています。

雇われる生き方の象徴ともいえるサラリーマンが増える30年くらいの間に、雇われる生き方は定番になり、気楽に働きたい人にとって最強の人生戦略となったのです。

「会社員最強」ではなくなった

それからさらに30年ほど経ちました。

現在はどうなっているかというと、単に雇われているだけでは、幸せな人生を支えていた二つの条件が満たしにくくなっています。

給料が伸び悩むとともに、終身雇用制度が終わり、成果主義が導入されたことによって安定的に働ける環境がぐらつくようになり、ブラック企業、サービス残業、過労死、パワハラ、セクハラなどが安心して働ける環境を侵食するようになりました。

そもそも会社員が最強だったのは、雇われる人生の基盤である会社が成長し続けていたからです。事実、会社員が増えていた60年代からの30年くらいは日本経済が絶好調で、会社が成長し続けたので、給料も増えました。

しかし、今は様子が変わっています。

ＪＡＬが破たんしたり、日本を代表する家電メーカーが外資企業に身売りしたりするような時代では、給料は増えませんし、勤め先が潰れるのではないかという不安も大きくなります。

そのような変化に気づかず、ぬるま湯に浸かっていたらどうなるでしょうか。

ぬるま湯はやがて水風呂になり、のんびりと浸かっている人たちが全員風邪をひきます。社畜化や老後破産につながる可能性もありますし、会社が潰れたり、クビになったりすることもあります。

雇われる生き方をしている9割の人たちのなかには、まだ気がついていない人がたくさんいるかもしれません。

「会社員最強」だった時代が終わりに向かっているのです。

「あがり」に到達できないすごろく

会社員最強の時代では、雇われるという選択が「それなり」に満足できる人生を提供してくれました。

しかし、会社員最強ではない現代はその逆です。「それなり」の人生を求める人が大きなダメージを受けます。

この話はすごろくを例にすると分かりやすいと思います。

会社員の人生は、しばしばすごろくに例えられます。

スタートは入社時です。ただ、スタート時に手にするサイコロは人それぞれで、就職活動や、その手前にある受験などで助走をつけた人は、5や6が出るサイコロをもらえます。

一方、それなりにしか努力しなかった人や、全然努力しなかった人のサイコロは2や3しか出ません。そのような初期設定の差を踏まえて、新卒社員が一斉にスタートを切るわけです。

では、ゴールはどこなのでしょうか。

お金の面から見ると、生涯年収が3億円くらいですので、それくらい稼いだら「あがり」ということができるでしょう。

私も雇われない生き方を模索し始めた当初、この点にまず目を向けました。

3億円という数字は平均値で、中央値（平均値よりも実態に近い数値）は2億円くらいという話もありますが、いずれにしても3億円稼げる方法を見つければ雇われる必要はないと思ったのです。

しかし、その時に私は一つ重大なことに気がついてしまいました。

それは、当時の会社で定年まで勤め上げても、3億円に届く可能性はなく、2億円にすら届かないかもしれないということでした。

私が勤めていた会社は、店舗で働いている現場社員の年収が300万円から400万円くらい、店長クラスで500万円、店長を束ねるスーパーバイザーで700万円くらいでした。

仮に40年働くとすると、3億円に達するためには年収が750万円必要です。この金額は入社時から定年時までのすべての期間の平均ですので、入社当初の年収が低い分、途中で年収1000万円を超えないとトータルで3億円には届きません。

そういう役職は当時の会社にはありませんでした。役員クラスになれば1000万円以上あったのかもしれませんが、「それなり」の姿勢で働いて就けるような役職ではありません。

つまり、定年まで時間いっぱいサイコロを振り続けても、私が持っているサイコロでは「あがり」に到達できません。

それが、それなりの人の現実だと気づき、私は雇われる生き方をやめようという意思を固めたのです。

「それなり」では「それなり」は得られない

会社員の人のなかには、当時の私と同じような状況にいる人も多いと思います。

上場企業のなかにも生涯年収が1億円に満たない企業があります。非上場の企業や中小企業のなかにはもっと年収が低いところもあります。

誰もがそれなりに稼げた時代と違い、現代の雇われる生き方は、「どれくらい勉強し、どんな大学に行き、どの会社に入ったか」という初期設定が非常に大きく影響します。

そのため、スタートした時点ですでに定年まで働いても生涯年収3億円という「あがり」にたどり着かないと確定している人もいます。初期設定の時点で、雇われる人生のすごろくは勝ち負けが見えていることもあります。

逆に言えば、会社員として「あがり」に到達できるのは、大手企業に就職し、5や6ばかり出るサイコロを手にした人だけだということです。

例えば、職業別の生涯年収を見てみると、コンサルティング会社や商社などは5億円くらいあります。

これは納得です。なぜなら、彼らは「それなり」というレベルをはるかに超越してたくさん働くからです。コンサルタントは、支援先の会社で仕事をするだけでなく、寝る時間を惜しんで勉強しています。商社の人たちは国内外を飛び回り、治安が悪い国や日本人が誰もいないような国に駐在することもあります。

時代を問わず、頑張っている人がたくさん給料をもらうのは当たり前の話でしょう。それなりの働き方しかしない人が、5億円欲しいなどと思ってはいけません。

ちなみに私の父は商社に勤めていました。たくさん働き、一生懸命稼いでくれましたが、その頑張りがたたったのか、平均寿命よりも若くして亡くなりました。その点からも、頑張っている人がたくさんもらうのは当然だと思います。

問題は「それなり」に頑張る人が「それなり」の収入が得られないことです。

「それなり」とは要するに平均のことです。生涯年収が2億円から3億円くらいに設定されているということは、平均的に暮らしていくために、だいたいそれくらいのお金が必要になるということです。

しかし、現状ではそこに差があります。

それなりの努力しかしてこなかった人が、それなりに働いても、それなり（＝平均）の収入は得られず、それなりの暮らしをすることもできないのです。

先輩社員から学んだこと

一つ実例を挙げましょう。私がまだ会社員をしていた頃の話です。

当時、定年を目前に控えた59歳の先輩社員がいました。

「もうすぐ定年だ」と、彼はしょっちゅう言っていました。

定年退職すれば退職金が受け取れます。経済的にも時間的にも余裕ができますから、その先の人生は悠々自適とまではいかなくても、それなりに楽しい毎日になるのだろうと私は勝手に思っていました。

しかし、彼はいつも苦々しい表情で「もうすぐ定年だ」と言います。理由を聞いたところ、貯金と年金だけでは到底暮らしていけないため、定年後に新たな仕事を探さなければならないことが悩みのタネなのだと言っていました。

その話を聞いて、定年まで勤め上げたとしても安定と安心は手に入らないのだと思いました。

定年になれば会社を去らなければなりません。お金がなければ新たな働き口を見つける必要がありますが、働くためには心と体が元気でなければなりませんし、再就職先が雇いたいと思う知識やスキル、人脈も必要です。

先輩はワインの知識が豊富だったため、定年を機にワインの輸入を始めました。個人で目利きしたワインを輸入し、国内のワインファンにネット経由で売る仕事です。

その転身を見て、私は「再就職のほかに独立という道もあるのだな」と思いましたし、輸入の仕事に興味を持つきっかけにもなりました。

一方で、もしワインの知識がなかったらどうなっていたのだろうと考え、とてつもない恐怖を感じました。

「それなりに働いていれば大丈夫」と思い込んでいると、稼ぐ手段、生きるすべを持たないまま、定年だからという理由だけで放り出されます。

それなりに働いても、それなりの人生にはなりません。

重要なのは、この事実を正面から受け止めることだと思います。

転職は解決策にならない

すごろくはもうスタートしています。この事実は変えられません。

サイコロを振れば振るほど、5や6ばかり出るサイコロを持っている人と2や3しか出ないサイコロを持っている人の差は一方的に広がっていきます。

そこに目を向けると「このままではまずい」「どうにかしないといけない」という危機感を持ちやすくなると思います。

感覚的にはダイエットと同じだと思います。

体重計に乗って「太ったなあ」と認識すれば、「このままではまずい」という危機感が芽生えます。太り過ぎて病気になるのは嫌ですし、太っているのもみっともないと感じます。

働き方についても、「このままでは立ち行かなくなる」「みじめな人生を送りたくない」といった気持ちが芽生えれば、それが現状を抜け出し、未来を変える強い動機になるでしょう。

現状を抜け出すための方法として、転職して収入を増やそうと考える人もいるかもしれません。

私も一瞬、そう考えました。

しかし、すぐにやめました。

転職しても根本的な解決にならないからです。

年収が高い会社に転職できるのであれば話は別ですが、世の中そんなに甘くありません。

それまで年収400万円で働いていた私が、転職するだけで急に1000万円プレーヤーになれる合理的な理由はないのです。

転職が現状を変える手段になるとすれば、現在の勤め先がブラック企業で、劣悪な環境に苦しんでいる場合です。

そのようなケースを除くと、転職は2や3ばかり出るサイコロで4が出る可能性が少しくらい大きくなるかもしれませんが、5や6が出るサイコロに変えられる望みは極めて薄いのが現実です。

雇われる生き方という前提を変えない限り、結局、同レベルの会社へ転職することになり、ぬるま湯が水風呂に変わっていく未来に不安を抱えることになるのです。

現状を変える二つの方法

現状として「あがり」に到達する可能性のない人が、「あがり」を目指すための手段は実は二つしかありません。

一つは副業、もう一つは起業です。

副業は、簡単に言えば二つ目のサイコロを持つことです。

会社員として持っているサイコロが2や3しか出なかったとしても、副業のサイコロでも2や3を出せれば、合計で4や6になり、5や6が出るサイコロを持っている人たちと勝負できます。

会社の給料で2億円くらい稼ぎ、副業で1億円稼ぎ、合計で生涯年収3億円になって「あがり」に到達するということです。

副業は、働き方としては会社に雇われたままですから、会社員という社会的な身分は変わりません。しかし、別の収入源を持つことにより、会社に依存する割合を減らすことができます。

雇われる人生の問題点は収入面で会社に依存しきっていることですから、副業によってそこが変われば、実質的には雇われない人生に片足を踏み入れた状態になります。

また、雇う側である会社に目を向けると、以前は副業を禁じ、本業への忠誠心を求めましたが、最近は副業を認めるケースが増えてきました。これは現状では「あがり」に到達できそうにない人が「あがり」に近づく大きなチャンスです。見方を変えると、会社側が今のままでは「あがり」に到達できないと認め、本業以外の収入が必須と認めたこととも いえると思います。

もう一つの選択肢である起業は、手持ちの2や3しか出ないサイコロを別のサイコロに交換するようなものです。

交換した結果、もしかしたら1しか出ないサイコロになるかもしれません。しかし、5や6が出るサイコロが手に入る可能性もあります。

これは良し悪しの問題というより、リスクをどうとらえるかです。

今の生活状況などによっては、1しか出ないサイコロになるより、最低でも2か3が出るサイコロの方が良いと思う人もいることでしょう。

リスクについては人それぞれの考え方がありますので、誰もが起業向きというわけではありません。

私が最終的に起業に至ったのは、体力的、精神的に限界だったことと、会社員最強の時代が終わることに自信があったからです。だから、副業を始め、起業に至りました。2か3しか出ないサイコロを捨てて、6が出るかもしれないサイコロに持ち替えるチャンスを狙ったのです。

世間一般においても、起業はもはや珍しい選択ではなく、毎年5％超の人たちが会社を辞め、自分の事業を興しています。

彼らはなぜ動いたのでしょうか。

理由はいろいろ考えられますが、突き詰めて言えば「いまの会社にいてはだめだ」と思ったからでしょう。つまり雇われ続ける現状をどうにか変えるために、リスクを取る価値があると判断したということです。

未来のことなど考えたくない

少し、私自身についても述べておきましょう。

かつての私は悲惨な未来しか想像できませんでした。

私の会社は酒屋チェーンで、私は店長でした。

近隣の居酒屋さんなどから注文を受け、ビールなどを納品する仕事で、店では来店するお客さんたちの対応もします。バックヤードでは在庫管理、アルバイトスタッフのシフト管理、売上報告などもやらなければなりません。

重いビール樽の積み下ろしで腰は悲鳴を上げています。慢性的な寝不足により思考能力も低下していきます。

唯一良かった点を挙げるとすれば、お金を使う暇すらないほど忙しかったため、貯金が地味に増えたことでしょうか。

給料そのものは増えませんでした。しかし、そんなこともあまり気にならなくなっていました。

給料がいくらだろうと、ボーナスがどれくらいだろうと、私はとにかく朝から晩まで働く毎日から抜け出したかったのです。

出社時はいつも、どうにか休む方法はないか考えていました。

職場では、なんとか早く帰る方法はないか、明日休むために良い理由はないだろうかと考えていました。

その頃からすでに、今の暮らしの延長線上に幸せな未来はないと気づいていたのだと思います。

体力を削られ、気力を失い続けていけば、10年後の私はこの世に存在していないかもしれません。

そんな未来を想像するたびに恐怖感が膨らみ、いつしか未来について考えることすらも嫌になっていました。

決定打になった同僚の死

わずかに残った気力を頼りに、なんとしてでも現状を変えないといけないと思うようになったのは、同僚が亡くなったためです。職場に向かう途中の事故でした。

この悲しい出来事を受けて、私は精神的に大きく動揺しました。

何のために一生懸命働いているのだろうかと考えました。人生のあらゆる楽しみを後回しにして、身を粉にして働いてきた結末がこれではあまりにも残酷です。

しかし、それ以上に残酷だと感じたのは、社内が少しざわついただけで、すぐに何事もなかったかのように平常運転に戻っていったことです。

その様子を見て、自分たちは誰にも守られていないのだと痛感しました。

自分の人生は自分でつくり、守らなければならないと思ったのです。

前職のことを悪くいうつもりはありません。

業種、業界、会社の規模に関係なく、会社というのは似たり寄ったりで、そういうところなのだと思うからです。

言い方を変えれば、世の中の会社員の人たちは「そういうところ」と割り切って、コツコツ働いているということです。

私にはそれができませんでした。

「そういうところ」だと分かってしまった以上、そこに自分の人生を預けることはできないと思ったのです。

会社の良し悪しの問題ではなく、会社に雇われて生きることが問題なのだと気づいたのもこの時です。

私はずっと「会社を辞めたい」と思ってきましたが、仮に辞めたとしても表面的な解決にしかなりません。

私が本質的に求めていたのは、会社を辞めることではなく、会社に所属し、会社に依存して生きていくことをやめることだったのです。

第 1 章

◇◇◇◇◇◇◇◇◇◇◇

本業以外の収入が必須の時代「雇われない生き方」とは？

まずは月収30万円を目指そう

さて、雇われる人生と決別するには、雇われる対価である給料に代わる別の収入源が必要です。

当時の給料は月30万円くらいでした。それくらい稼げる方法を見つければ、少なくとも経済的な面では雇われる人生を捨てることができます。

そう考えたら、少し未来が開けた気がしました。

仕事は相変わらず忙しかったのですが、わずかな隙間時間を見つけ、少ない睡眠時間をさらに削り、自力で稼げる方法を探しました。

もちろん、すぐに良い方法が見つかったわけではありません。

お酒のことなら多少は分かりますが、それ以外は未知の世界です。

ずっと雇われる生き方をしてきましたし、社会人は雇われている人という固定観念もありましたから、自力で稼ぐということもよく分かりません。

そのため、自由になろうと思って踏み出したら、一歩目からつまずきました。

儲かりそうなおいしい仕事は割とすぐに見つかるのですが、どれもうまくいかず、失敗を繰り返すことになるのです。

そこから2年間の紆余曲折は、これから副業や起業を考えている人には毒にも薬にもならないとは思いますが「こんなふうに考えると失敗するよ」という笑い話にはなると思うので、ぜひ笑ってほしいと思います。

本気で取り組んだ笑える失敗談

生活費を稼ぐための手段として、まず思い浮かんだのがフリーターという生き方です。フリーターなら会社員のような責任を抱えずに済みます。サービス残業もありませんし、辞めるのも自由ですし、働きたい時だけ働けますから、体力的にも精神的にも健康になれそうです。

そんな感覚でインターネットを見ていたら、早朝の清掃アルバイトを見つけました。早朝から4時間くらい働いて、昼には終わるという仕事です。それまで朝から晩まで働いてきた私にとって、天国のような仕事でした。

「よし、この道で行こう」と思ったのですが、一つ大きな問題がありました。日給が５０００円しかないため、30日休まずに働いても必要な生活費に届かないのです。

時間的な自由が手に入るのは魅力的でしたが、その対価として経済的な不自由を受け入れるのは当時の私には厳しい条件でした。アルバイトを掛け持ちすれば30万円くらいになるかもしれないと思ったのですが、そうすると時間的な自由がなくなり、体力的、精神的な負担が増しますので、現状と大差ありません。

そのようなことを考えて、結局、フリーターの道は断念しました。

次に考えたのがＭＬＭです。ＭＬＭはネットワークビジネスともいわれ、世間ではマルチ商法やネズミ講の一種みたいなふうにもとらえられているものです。

きっかけは、たまたま知人がＭＬＭに誘ってきたことでした。話を聞く限りでは、なんとなく儲かりそうな気がしました。うまく稼いでいる人は、会社員では決して実現できないような金額を稼いでいるとも聞きました。

それなら乗ってみる価値はあるかもしれないと思ったのですが、ＭＬＭは、突き詰めていけば人脈をお金に変えるような仕組みです。向き、不向きもあるのでしょうが、もともと知り合いが少なかった私には向いていなかったようです。それでも可能性はゼロではないと思い、とりあえず数少ない知り合いに声を掛けてみたのですが、嫌われただけで終わりました。

同じ頃、ネットで「スマホ片手に３００万円」というキャッチコピーを見て、やってみようと思ったこともありました。

私の当時の目標は生活費として月30万円稼ぐことでしたので、３００万円は十分過ぎる金額です。あまりうまくいかず、１００万円くらいしか稼げなかったとしても経済的な面で大きく人生を変えられるチャンスがあります。

しかし、そんなうまい話があるはずもなく、再び紆余曲折の状態に戻りました。

自分らしく働ける条件が見えた

振り返ってみると、その頃の私は少しおかしくなっていたのだと思います。

現状を抜け出したいという気持ちが強過ぎて、雇われない生き方が実現できる可能性がある仕事がすべて魅力的に見えていました。冷静に考えれば、なんの知識も経験もない人が片手間に３００万円稼げるはずがありません。しかし、そういうことすらも分からなくなるほど、私は現状を抜け出すための方法に飢えていたのです。

一方で、調査、挑戦、失敗を繰り返しながら、自分にとって実行しやすく、成功しやすい仕事の条件も見えてきました。

一つは、インターネットを使う仕事であることです。

もう一つは、副業で始められることです。

インターネットに関しては、私が今さらいうことでもありませんが、リアルの世界よりも圧倒的に世界が広いという長所があります。

また、リアルの職場のような人付き合いの苦労がありませんし、パソコンさえあれば自宅でできますので満員電車に揺られる必要もなく、部屋着のまま起きてすぐに仕事できます。

私は性格的にできるだけ楽に働きたいタイプですので、自分のペースで好きな時に仕事ができるという点がとても快適なのです。

副業に関しては、かつての私のように会社員経験しかない人にとって重要な条件だと思います。理由は単純で、会社員経験しかない人がいきなり独立しても失敗する可能性が高く、その結果として無収入になってしまうのを避けたほうが良いと思うからです。

世の中には思い切って会社を辞め、事業を始める人もいます。能力、経験、自信、コネクションなどがあり、勝算があるならその方法も良いと思います。

しかし、万人向けとはいえません。辞めた時の貯金で食いつなげる期間は限定的ですし、貯金が底をつくまでに雇われない生き方を確立できなければ、きっとまた雇われる生活に戻ってしまうでしょう。借金をしてしのいでも生活が苦しくなるばかりですし、怪しい儲け話に飛びついてしまう可能性も高くなります。

そのような結末を避けるには、私には副業でできるという条件が重要だと思いました。フリーターが良さそうだと思い、その時に会社を辞めていたとしたら、私はおそらく借金まみれになっていただろうと思います。

すぐにでも辞めたい、とにかく辞めたいと思っていた私にとって副業からのスタートはじれったい選択でした。しかし、今思えば、そこで慎重になったことが正解です。

いろいろな方法を検討し、収入面だけでなく、体力的、精神的、時間的な面から見ても続けていけそうな仕事を見つけるために、とりあえず本業を残し、副業で様子を見るという条件が重要だったのです。

続いた、残った、稼げた

自分に実行可能な仕事の条件が見えた頃、ようやく出会ったのが個人の輸出入という仕事です。

Amazonなどのネットショッピングサイトにセラー（販売者）として登録し、海外で売られている商品を国内で売るという仕事です。

輸出入の仕事はインターネットで完結します。当時は副業でやってみる程度だったため、期待するほどの収益にはなりませんでしたが、負担もほとんどありませんでした。

輸出入を始めたのは「面白そうだな」といった程度の軽い気持ちです。

もう少し正直にいうと、貿易を仕事にすることや、輸出、輸入という響きがカッコ良いと思ったことがやってみようと思った動機です。

当初はほかにも副業のネタを探していましたので、四つか五つくらい並行して取り組んでいました。内容が薄く、受講料だけ高い怪しいセミナーにも通っていましたし、相変わらず、片手間で稼げる、楽して儲かるといった謳い文句の仕事にも心を揺さぶられていました。

楽して儲かる系の話にはどうしても興味を持ってしまいます。この性格はなかなか変わりません。

ただ、当たり前かもしれませんが、そういった仕事はことごとくうまくいかず、長続きしたのは輸出入代行の仕事だけでした。

これも正直に言いますが、輸出入の仕事に将来性や可能性を感じたわけではありません。自分に向いているという確信もありませんでしたし、やりがいがあったわけでもなく、運命的な何かがあったわけでもないのです。

やってみたら長続きしました。絞り込んだつもりはなく、ほかの仕事が続かなかった結果、勝手に絞り込まれました。

また、これといった苦痛もないので淡々と続けていたら、売上も徐々に増え、目標の月30万円が見えるところまで来ていました。

その延長にあるのが、今の私です。

雇われる人生というレールに乗り、その延長線上に幸せな人生が見えていなかった私は、気づけば、雇われない人生のレールに移っていました。

雇われなくてもきちんと稼げるという自信が生まれ、そこから輸出入代行という新たなレールの上を加速していくことになったのです。

本気になったら景色が変わった

輸出入の仕事はやればやっただけ儲かることもあり、手応えがありました。ノウハウはなかったのですが、それほど難しいノウハウもいらないまま、順調に売上が増え、月30万円を超えるのも時間の問題だと思いました。

はじめに決めたとおり、月30万円が退職する一つの目安でしたので、予定どおり、私は会社を辞め、輸出入に専念することにします。

有給休暇を消化しながら、雇われる人生の最後の3カ月ほどを過ごし、空いた時間をほぼすべて輸出入の仕事につぎ込みました。

会社を辞めるからには本気で取り組まなければなりません。本気になったらさらに成果が出るようになりました。

自分が出品した商品が売れると、そのたびに自信がつきます。「輸出入で食っていける」という確信が芽生え、さらに作業にのめり込みました。

この当時の実働時間は店長をやっていた時とほとんど変わりません。もしかしたら増えていたかもしれません。しかし、体力的にも精神的にも嫌な疲労感はなく、集中力も高まっていました。

今になって思うのですが、私にはもしかしたら本気度が足りなかったのかもしれません。辞めたい、辞めようという意識は持ちつつも、具体的にどうしたら良いのか分かりません。いろいろな方法を試しますが、いずれも副業で取り組んでいたため、とりあえず給料はもらえるという甘えもあったのだと思います。

怪しいセミナーに足繁く通ったのもその結果です。セミナーをきっかけに雇われない生き方の糸口をつかもうとは思っていましたが、通うことで満足していたところもあります。自分は何かやろうとしているのだと自分を納得させ、とりあえず動いている自分に満足していたのです。

しかし、辞めたことでスイッチが入りました。

自己満足では意味がない、成果を出さなければならないという緊張感と危機感が生まれました。

あの時に辞める決断をしなければ、今もきっと起業のノウハウを聞きに行くだけのノウハウコレクターだっただろうと思います。

興味本位で輸出入を学ぶのと、自分の人生を賭けて学ぶのとでは姿勢も気合いもあらゆることが違います。

輸出入は決して難しい仕事ではありません。手間は掛かりますが作業そのものは簡単です。うまく稼いでいくためには、物販や物流に関する知識や出品する商品を選ぶセンスなども少なからず役に立つはずです。しかし、重要なのは経験を積むことだと思います。

興味本位でノウハウを学んでも、本気にならなければなかなか実践しようとは思えません。私にとっては仕事を辞めたことが本気になるきっかけとなり、以来、雇われない生き方を提唱し、そのために努力する人たちを支援する道を進んでいくことになったのです。

選択肢が増え、未来が開ける

輸出入と出会い、いろいろなことが変わりました。

雇われる人生から雇われない人生のレールに乗り換えたことで、生活環境がほぼ丸ごと変わったといっても良いと思います。

身近な変化として感じるのは、ご飯がおいしくなり、すっきり目覚められるようになったことです。雇われることに悶々としていた当時は、きっと五感も鈍っていて、何を食べてもおいしく感じられなかったのだと思います。ずっと寝不足でしたし、起きれば会社に行かなければなりませんので、寝つきも目覚めも最悪でした。

ところが今は、眠気を我慢することなく寝ることができます。好きなものを食べて、嫌なことはやりません。おかげで毎朝起きるのが楽しみになりましたし、朝ごはんもおいしいと感じるようになりました。些細な変化かもしれませんが、人生はすばらしいと思いますし、些細な喜びの積み重ねが人生なのだとも思います。

手に入ったものもたくさんあります。

そのなかではお金が最も大きな成果物といえるでしょう。月30万円でやりくりしていた人が、１００万円、２００万円といったお金を自由に使えるようになるのは大きな変化です。

ただ、個人的には、お金そのものにはそこまでの価値を感じていません。

雨が降っている時にタクシーに乗ったり、値段を気にせずに料理を注文するといった程度の贅沢はしていますが、基本的な生活スタイルは月収30万を目標に独立を決めた時と同じで、今も30万円くらいあればよいと思っているのです。

私はもともと贅沢するタイプではありませんので、性格的に贅沢が合わないのかもしれません。

高級車にも高級マンションにも興味がありませんし、洋服などに過剰なお金を使うこともありません。普段は家で仕事をしますので、普段着はＴシャツとジャージです。たまにお酒は飲みますが、高級シャンパンを何本も空けたことはありません。

雇われていた頃の私を知る人が見れば、表面的な生活はほとんど当時と変わっていないと思います。

しかし、心にはゆとりができました。

月30万円だった時にできなかったことが、１００万円になるとできるようになります。２００万円になるとさらにできることが増えます。

重要なのは、いくら使ったかではありません。30万円もらい、30万円使う生活はギリギリですが、１００万円もらって30万円使う生活をすると70万円分の余裕が生まれます。

この余裕が人生の選択肢を増やし、雇われていた時には見えなかった未来が生まれるのだと思います。

自由、不自由の選択は自分次第

最近、人の夢を聞くのが好きになりました。

以前は自分のことで精一杯でしたし、人のことなど二の次でしたから、他人の夢などどうでもいいと思っていましたし、夢を語るなら稼げばいいくらいに思っていました。

その感覚が変わったのも心のゆとりができたからだと思います。

スクールを始めたのも夢の実現を支援したいと思ったからですし、その過程で、自分が知っている輸出入のノウハウが役立つかもしれないと思ったからです。

スクールに入ってくる人たちには夢を聞いています。そして、夢を実現するためには、そのために必要なことをやらなければならないと伝えています。

スクールに入ってくる人たちは、みんな自由になりたいと言います。経済的自由、時間的自由、人付き合いの自由を求めています。

しかし、基本的にはみんな自由です。

不自由な状況をつくり出しているのは、副業なんて無理、独立なんてできないと考えている自分なのです。

私は雇われる人生のなかで体力的にも精神的にもギリギリの状態になり、ようやくそのことに気がつきました。

朝から晩まで働く日々も、腰を痛めてビール樽を持ち上げる仕事も、誰かに強制されていたわけではありません。会社のせいにし、社会を憂いていましたが、結局のところ、すべて自分で選択していたのだと気がついたのです。

その気づきが人生の転機だったと思います。

自由になるには、自由を手に入れるための選択をする必要があります。

10年後の自分を想像してみてください。

かつての私のように、悲惨な未来しか見えない、想像すらしたくないのであれば、その道とは違う道を進む選択をしなければいけないと思います。

雇われない人が手放す五つのメリット

偉そうなことを書きましたが、私は熟考して退職したというより、限界に達して雇われない生き方を選んだタイプです。

きっかけは、現状のままでは「あがり」にたどり着けないと気がついたことですが、もっと直接的なきっかけとして雇われる生き方と決別しなければ体と心がボロボロになるという恐怖感がありました。

振り返ってみれば、きっかけはなんでも良いのだと思います。

今の会社を辞めたいと思ったら、それが副業や起業を考えるきっかけになります。

雇われる生き方とは違う人生に挑戦してみたいと思ったのだとしたら、それもきっかけになるでしょう。

ただ、雇われる生き方との決別は人生の大きな決断ですから、自分がその決断によって何を手放すことになるかは知っておく必要があります。

具体的には、次の五つを手放すことになります。

(1)　定期的な収入
(2)　周囲のサポート
(3)　社会的な肩書きと社会的な信用
(4)　労働環境を保障してくれる法律
(5)　働き方の仕組みとルール

いずれも雇われる生き方で得られるメリットですので、手放すのが惜しいと感じるかもしれません。

ただ、そう思ってしまったら一生雇われる生き方のままです。

人生を変えるには考え方を変えるしかありません。

そのための手掛かりとして、以下に、私がこの五つを手放したことによって感じたことをまとめます。

(1)　定期的な収入

会社を辞めれば無収入になります。辞めてから数カ月は貯蓄と失業給付金で生活できますが、その先は自力で稼ぐ必要があります。この不安はあらかじめ想定していましたが、実際に無収入になったことで、雇われる生き方と決別する不安を改めて感じました。

ただ、３カ月くらい経つと、不安は消えました。輸出入で稼げるようになり、雇われていた時と同じくらいの収入を得られるようになったからです。

その経験を踏まえると、定期的な収入がなくなる不安は一時的なものといえます。頑張る人がたくさん給料をもらうという原理原則を踏まえるなら、頑張っても頑張らなくても給料が同じであるほうが変といえますし、給料をアテにできない状態になることで、自力で稼ぐ意欲やモチベーションが高まるという効果もあったように感じます。

(2)　周囲のサポート

雇われている時はチームプレーですが、会社を辞めたら個人プレーです。迷った時に相談できる同僚やフォローしてくれる上司がいないことに不安を感じる人もいると思います。

ただし、起業してからも仲間はできますので、相談相手が欲しい人は、起業後の付き合いを通じてコミュニケーションの輪を広げていくことができます。また、サポートを必要と感じるかどうかは個人の性格にもよると思います。私はあまり人に相談しないタイプですし、起業してからも仕事について誰かに相談することはありませんでした。誰かに頼らずに判断できる人や、頼ることがそもそも苦手な人は苦にならないだろうと思います。

(3) 社会的な肩書きと社会的な信用

会社を辞めるということは、簡単にいえば無職になるということです。肩書きなしの人生に不安を感じる人は雇われない生き方には向きませんし、逆に肩書きなんてどうでもいいという人には他愛のない問題です。

ただ、対金融機関の話でいうと、会社員として積み上げてきた社会的な信用も会社を辞めた時にいったんリセットされますので、住宅ローンなどを組みたい場合はタイミングを考えたほうが良いと思います。起業後にローンを組む場合は審査が厳しくなりますが、3年くらい収支が安定すると融資を受けられることもあります。

(4) 労働環境を保障してくれる法律

雇われる人は労働基準法によって働く環境が守られています。しかし、フリーランサーのように個人で働く人はどの対象からも外れます。労働基準法が対象とする労働者は、会社などに雇用され、賃金を支払われる者と定義されているからです。そのため、過酷な労働環境になっても文句は言えません。

また、業務内容や時間あたりの最低賃金を定めている最低賃金法においても対象となる労働者の定義から外れるため、タダ働きになったりマイナスの労働になる可能性があります。

収入面から見ると、ここが雇われない生き方をするうえで最大のリスクといえると思います。

どれくらい働き、いくらもらうといった基準がないため、無限にタダ働きになる可能性もあります。しかし、短時間で大きく稼げる可能性もあります。私はそこに魅力を感じました。

⑸　働き方の仕組みとルール

会社は出社や退社の時間が決まっています。出勤日と休みの日も決まっています。何をするかも割り当てられますし、いつまでにやるかも設定されます。

当時の私はこのような仕組みとルールが息苦しく感じていたのですが、良い面もあります。スケジュールやることが決まっているため、規則正しく生活できることです。

起業することによって誰かに管理されなくなると、だらけてしまう人もいることでしょう。

自分はそうなると思うのであれば雇われない生き方は向かないかもしれません。一方には、誰にも管理されないメリットがあります。生きていくための必要最低限のお金は稼がなければなりませんが、気分が乗らない時は休めますし、やりたくないことはやらないという選択ができます。誰かが作った仕組みから飛び出し、自分のルールで動けることは、雇われない生き方の最大の魅力だと思います。

三つの自由が手に入る

雇われない生き方を選ぶことによって何を手放すか把握したら、その代償として何が手に入るかも確認しておきましょう。

一言で言えば、自由です。

雇われる生き方が安定と安心を手に入れる手段だったように、雇われない生き方は、経済的な自由、時間の自由、人間関係の自由の三つを一気に手に入れることができます。

この三つは、雇われている人の多くが持っていないものといっても良いでしょう。当時の私もそうでした。

経済的には年収４００万円ほどで、そのまま勤め続けても「あがり」に到達しないことが分かっていました。

ただ、あまりにも忙し過ぎて、お金を使う時間がなかったため、貯金は少しずつですが貯まっていました。数百万円の貯金ができたことで、私は雇われない生き方を選ぼうと決意することができました。その話は追って説明します。

また、勤めている時は、イヤイヤとまでは言わないまでも、言われたことをやればいいくらいの気持ちで仕事をしていましたので、期待された以上の成果は出ませんでした。

苦手なこと、嫌なこと、つらいことなどは、その仕事を頑張ってたくさん稼ごうという気持ちが生まれにくく、むしろ稼げなくてもいいので早く終わらせたいという気持ちが生まれます。

一方、好きなことや得意なことはいつまでも取り組めます。楽しめますし、集中できます。結果、成果が出やすくなり、儲かりやすくなり、経済的な自由も手に入りやすくなるのです。

時間的自由については、会社員だった時は時間がほとんどありませんでした。朝８時から店に出て、残業するのが当たり前の生活です。休みも満足に取れませんし、休みの日があっても、前日までの疲れを癒すためにただただ寝ているだけの休日でした。

しかし、起業すると時間の概念が変わります。仕事の時間と、仕事の疲れを癒す時間という境界線が消えて、すべての時間を自分が好きなように使えるようになります。元気がある時、挑戦意欲に燃えている時は、夜中でも早朝でも仕事に熱中できます。好きでやっているのですから疲れませんし、楽しめます。

逆に、やる気がしない時や疲れている時は自分の都合で休めます。自分で自分のスケジュールを決められるのは雇われない生き方の大きなメリットです。

三つ目に挙げた人間関係の自由は、自分が付き合いたい人と付き合う自由であり、付き合いたくない人と付き合わなくていい自由でもあります。

話し好きな人や人と会うことが楽しい人は別ですが、職種や業界を問わず、社内外の付き合いに疲れている人はたくさんいると思います。私の場合、特定の誰かが嫌だったわけではありませんが、もともと人付き合いが苦手で、それがストレスになっていました。

ただ、それもやはり雇われているからこそ生まれる不自由なのです。雇われない人生は、誰と付き合うか自分が決めます。気が合う人、好きな人、尊敬する人ととことん付き合うことができますし、たまには苦手な人と付き合わなければならない時もありますが、嫌なら切っていい、絶縁したって構わないという選択肢を持っていることが精神的な支えになります。

このようなメリットを手に入れるためには、前述した雇われることのメリットは諦めなければなりません。つまり、どちらが良いか選択するということで、残念ながら両方選ぶことはできません。

私は三つの自由を選びました。

自分も自由を選びたいという人は、雇われない生き方を選んだほうがおそらく幸せな人生を送ることができると思います。

目標は人それぞれ

次に、雇われない生き方を始めるために何が必要なのか考えてみます。

副業、起業を問わず、雇われない生き方は輸出入のような方法を通じて実現していきます。ただ、輸出入などはあくまでもお金を稼ぐための手段ですので、なんのために事業をするのかという目標や、目標に到達するまでの計画を立てることが大事です。

目標とは、例えば「20年以内に仕事からリタイアする」「ネット上での輸出入を経てリアル店舗を持つ」「お金を貯めてカフェを出店する」といったことです。

輸出入を始める場合、安定的に稼げるようになることや、生活費を稼ぐことなどが重要ですが、ほとんどの人にとってはそれが目標ではないはずです。

その先にある実現したいことはなんでしょうか。それを考えることが大切ですし、目標があると稼ぐ楽しさややる気も高まりやすくなります。

目標は人それぞれ違います。違って当たり前です。

例えば、私が輸出入を始めたのは「会社を辞める」という目標を達成するためでした。「雇われる生き方と決別したい」「会社や給料に依存する人生をやめたい」と強く思ったことがきっかけです。

会社を辞めず、副業として輸出入を続けたい人から見ると、この目標は共感できないでしょう。

それで良いですし、自分がなんのために事業をするのか明確にしておくことが大切です。

私が開いているスクールにおいても、スクール生の目標はさまざまです。

スクール生は開校当初から数えて計2500人ほどになり、会社員が大半を占めますが、実は定年退職したシニア層も多く通っています。日本が高齢化していることが多少は影響しているかもしれませんが、シニア層のスクール生は年々増えています。

シニア層は、雇われない生活を目指しているわけではありません。彼らはすでに定年退職していますから、雇われる、雇われないといった話をすでに超越しています。

また、老後の生活資金が苦しいわけでもありません。どちらかというと、お金目的というよりも趣味として輸出入をやっています。

彼らに目標を聞くと、お小遣い稼ぎのために取り組んでいる人もいますが、ボケ防止、暇つぶし、孫に何か買ってあげたいと考えている人もいます。

スクールを開いた当初は、想定していた層より高齢の人が多く、驚きました。

しかし、間もなくして輸出入の仕事が幅広い人に受け入れられ、さまざまな目標を達成するための手段になるのだと気がつきました。

稼ぐことは大事です。しかし、それ以上に大事なのはなんのために稼ぐかを考えることだと思います。

目標は変わるもの

目標というと、アーリーリタイアすることや自分の店を持つことなど、明るい未来を思い描く人が多いと思います。目標や、目標達成という言葉そのものが、なんとなく前向きで明るいイメージを持っています。

しかし、私は後ろ向きな目標でも良いと思っています。

後ろ向きな目標とは、現状から逃げたい、面倒を避けたい、しがらみから抜け出したいといったことです。

私がその典型で、会社を辞めたいという目標はとても後ろ向きです。

ただ、それでもうまくいっています。スクール生のなかにも、貧乏暮らしを抜け出したい、借金をゼロにしたいなど、厳しい現実から逃げ出すことを目標にしている人がいますし、案外、そういう人がうまく稼いでいます。

楽しさや豊かさを求める前向きな目標ももちろん重要ですが、厳しい人生をどうにかしたい、なんとか現状を変えたいといった後ろ向きな目標を立てている人のほうが、必死さや危機感がある分、一生懸命取り組むことができ、成果が出やすいのかもしれません。

ですから、現状に不満がある人は、その不満を解消することを第一の目標にしてみるとよいと思います。輸出入の仕事は、普通の人が豊かになる手段にもなりますし、現状に苦しんでいる人が普通の暮らしをつかむための手段にもなります。

また、目標はいずれ達成されますから、そのたびに新しくなります。目標は変わっていいですし、変えていくものだということです。

例えば私は輸出入を始めて間もなく、会社を辞めるという目標を達成しました。その時に新たな目標を掲げ、達成し、また目標を立て、達成するという繰り返しで今に至っています。最初は会社を辞めることが目標でしたが、今は海辺にカフェを開きたいという目標を持っています。振り返ってみると、後ろ向きだった目標が、徐々に前向きな目標に変わっていった気がしています。

目標は達成した時に自然と変わりますし、自分で変えてもよいと思います。

例えば、あと20年で仕事からリタイアするつもりでも、もっと早く実現できそうなら10年に変えていいですし、副業で稼いでいる人が独立を目標にしてもよいと思います。海辺にカフェを開くことがイマイチ面白くなさそうだと感じるようになったら、別の目標を探したほうが良いでしょう。

目標を立てることは重要ですが、目標にこだわると目標に縛られ、窮屈になります。

その時々の生活環境や、自分が何をしたいと思っているか踏まえながら、自由に目標を変えていくことがストレスなく事業に取り組んでいくコツだと思います。

ワクワクできるかどうかが大事

目標が定まれば、計画も立てられます。例えば、あと20年で仕事からリタイアするなら、リタイアするためにいくら必要か計算し、20年で割り算すれば、1年あたりいくら稼げばいいか見えてきます。海辺のカフェも同じで、いつまでにいくら必要か分かれば、目標から逆算していくことによって今年、今月、今日やることが見えてくるでしょう。

この作業そのものは普段の仕事でもやっていることだと思います。

重要なのは、目標達成した時の自分を想像したり、そこにたどり着くための計画を立てている時にワクワクできるかどうかです。

つまらない仕事に取り組んでもまったくワクワクしません。私も雇われていた時は店舗の売上目標を立て、目標達成に向けた計画も作っていましたが、売上が増えても目標達成が見えてもワクワクしませんでした。つまらないと感じつつ、仕事だから仕方なくやっていただけです。

しかし、これから自分で作る事業の計画はワクワクできなければいけません。

つまらない計画はつまらない仕事を生むだけです。やりたくないことをやるのでは雇われている時と同じ状態になってしまい、せっかく事業を生み出す意味がなくなってしまうのです。

例えば、アーリーリタイアのために月30万円ずつ貯めるという計画が見えてきた時、その計画に着々と取り組むことを楽しめるでしょうか。

楽しめそうなら取り組んだほうが良いと思います。楽しくなさそうならアーリーリタイアするという目標が今の自分の気持ちに合っていないのかもしれません。

私の最初の目標は会社を辞めることで、そのために月30万円稼ぐ計画を作りました。私がこの目標を達成できたのは、月30万円稼ぎ、雇われる人生から抜け出す未来にワクワクできたからです。

つまらないことは長続きしません。思い切りワクワクできる目標を立て、そのための計画を試行錯誤することが事業を長続きさせるための重要なポイントなのです。

計画を立てる際にもう一つ重要なのは、計画に固執し過ぎないことです。

前述のとおり、目標は変わりますし、自分で変えることもできます。目標が変われば計画も変わりますし、変えなければなりません。

また、計画はあくまでも頭の中で考えた予想に過ぎないため、計画どおりに進まないこともあります。

副業も起業も、ほとんどの人にとって初めての挑戦ですから、計画どおりに進まないことのほうがきっと多いだろうと思います。

そのような時に当初の計画に固執してしまうと、うまくいかない現実に悩んだり、それが原因で事業に取り組むことが嫌になったりしてしまいます。

ですから、計画は計画に過ぎない、うまくいかなければ調整すればよいといった感覚を持っておくことが大事です。

仮に20年後のアーリーリタイアが25年後になっても、月30万円の貯金目標が25万円になっても、雇われたまま何もせずに過ごす人生よりは、明らかに前進していますし、着実に目標に近づいているのです。

運と能力が成果に直結しない仕事を選ぶ

目標は人それぞれです。目標が違うのですから、計画もさまざまです。

これから事業を作っていく場合、この「それぞれ」で「さまざま」という点を理解するのが大事だと思います。つまり、自分は自分、他人は他人で、比べる必要がないということです。

私自身、この意識を持つまでに結構な時間が掛かりました。雇われる生き方が肌になじんでいたため、どうしても横並びで比べてしまう意識が生まれ、他人と同じ土俵で勝ち負けを考えてしまう癖が付いていたのです。

一種の職業コンプレックスのようなものかもしれません。

例えば、世の中にはエリートと呼ばれる会社員がいます。若くして年収１０００万円くらい稼いでしまう人たちです。また、スターや先生と呼ばれる人たちもいます。スポーツ選手、ベストセラー作家、医者、教授などがその代表的な例でしょう。

このような人になりたいと憧れるのは、今の自分の仕事や、自分が置かれている状況にコンプレックスを感じているからです。

一方には豊かに暮らしている人がいて、自分とは大きく異なる環境で生きています。その現実を受け入れることがストレスになり、世の中が不平等なのだと考えたり、自分には能力がない、運がない、未来がないなどと過剰に卑下してしまいます。

これから副業や起業する人にとって、このコンプレックスは不要ですし、自分らしく生きるうえで邪魔になる意識だと思います。

では、どうすればこの意識を捨てられるのでしょうか。

答えは簡単で、比較する必要がなく、コンプレックスが生まれにくい仕事を持つことだと思います。

輸出入は、この点を満たしている代表的な仕事だと思います。

輸出入を手掛けるセラー内では、売れている人、そこそこの人といった比較や競争がありますが、前述のとおり、目標が人それぞれなのですから比較する必要がありません。なかには一流企業の社長を上回るくらい稼ぐ人もいますが、売上は基本的には作業量と比例しますので、稼いでいる人はそれくらいたくさん努力したのだなと素直に認めることができます。

運や能力があまり関係なく、努力の量が成果になる平等な仕事だからこそ、他人は他人と割り切り、自分は自分のペースで集中して取り組むことができるのです。

また、どんな手段を選ぶにせよ、雇われない生き方をしている人は、やることとやらないことを選択できます。雇われている人は、やりたいことができず、やりたくないことをやらなければならないという制限を少なからず受けますので、この点が大きな違いです。

この違いがあるため、雇われている人は、あいつのほうが優遇されているとか、あの会社が羨ましいといった比較に基づく妬みの感情などが生まれやすくなります。一方、雇われずに輸出入を手掛けている人の多くは、売れ筋の商品を見つけたり、効率良く稼ぐ方法を学ぶという点でほかの出品者に注目することはありますが、それ以外のことに関しては、他人のことは気にせず、自分のことだけに集中しています。自分らしく仕事をすることに価値を感じ、その環境に満足しているため、他人に目を向ける必要がなく、余計なコンプレックスやストレスが生まれにくいのです。

一歩目を踏み出す勇気が重要

事業をする理由は、それぞれで、さまざまです。

目標と計画さえ決まれば一歩目を踏み出せますし、自分は自分と割り切ることで、さらに踏み出しやすくなると思います。

重要なのは一歩目を踏み出すことです。

一歩目を踏み出してみれば、雇われない生き方がどんなふうになっているか分かってきます。自分が身をもって経験したことほど貴重なものはありません。特に起業のように未知の世界のことは、やってみて分かることが多く、やってみて分かるほうが身につきやすいと思います。

また、一歩目を踏み出せば、そのことに対して自分に自信が持てるようになります。自力でいくらか稼いだり、その積み重ねによって月々の収入が安定するようになると、自信が確信に変わっていきます。

一歩目を踏み出すことにより、自分がやりたいこと、やりたくないことが今まで以上に明確になったり、新たにやってみたいことが見つかることもあります。

私の場合も、今はスクールを通じて雇われない生き方を広めていますが、スタートした当初は人を支えることなど考えてもいませんでした。雇われる人生からようやく解放され、喜びと安堵の気持ちに浸りつつ、やりたいこと、やりたくないことを整理していくうちに、かって自分と同じように雇われない生き方を目指す人たちを支援する仕事をやってみたいと思うようになったのです。

副業の場合はともかく、起業は失敗する可能性がありますので、一歩目を躊躇する気持ちも分かります。しかし、今の雇われたままの生き方の先には何があるのでしょうか。収入が増えなければ「あがり」にたどり着けません。安定と安心が手に入る可能性は低くなっていますし、経済的な自由、時間の自由、人間関係の自由が手に入るチャンスもありません。

失敗をどう定義するかにもよりますが、私は雇われる人生の先を続けることが最大の失敗だと思います。

だからこそ、リスクを恐れるよりも一歩目を踏み出すほうが良いと思うのです。

私の場合、会社を辞めてから3カ月後に不安が消え、このままいけるという確信を持ちました。

雇われている時は毎日不安ばかりです。起業しなければ定年までずっと不安を抱えて生きていただろうと思います。

実態がつかめない漠然とした不安を何十年もの間感じて生きていくよりも、数カ月間だけ強烈な不安を抱える方がはるかにマシだと私は思います。

不安で動き出せないのだとしたら、その不安は数カ月後には消えていると思い込むと良いと思います。そこで一歩目を躊躇してしまうと、永遠に不安は消せないのです。

踏み出す勇気が湧いてくる四つの助言

目標があり、計画もあり、それでもなかなか一歩目が踏み出せない人は、以下の四つの要素を踏まえてみると良いと思います。

一つ目は、人生を変えよう、そのために動き出そうと覚悟することです。リスクを怖がっていては何も変わりません。このまま現状を放置しておくことのほうがリスクなのだと考えることによって、雇われる人生と決別する覚悟が決まります。

二つ目は、一歩目を踏み出さずにいられなくなるような危機感です。私の場合は、このままでは身も心もボロボロになるという危機感が背中を押してくれました。すでに説明したとおり、年収が低ければ「あがり」にたどり着けないと認識することも、「動かないとまずい」「このままではまずい」という危機感を生むだろうと思います。

三つ目は、勢いです。人生を変えたい、現状をなんとかしたいと思ったら、その思いのまま一歩目を踏み出すことが大事です。目標設定や計画を練ることも大事ですが、深く考え過ぎるとその場で踏み止まってしまいます。見切り発車でも良いので、勢いに任せて挑戦することが重要だと思います。

四つ目は、踏み出してみればどうにかなるという開き直りです。完璧な人生はありません。失敗しないほうが良いのですが、失敗を避けることもできません。失敗したら挽回すればいいと考えることで、一歩目を踏み出しやすくなります。

この四つがすべてそろうのが理想ですが、二つか三つくらいあるだけでもマインドは変わると思います。

始めるのが早ければ早いほどいい理由

意識が変われば行動も変わります。雇われない生き方をするというマインドを持てば、一歩目は踏み出しやすくなるはずです。

その点でもう一つ伝えたいのは、始めるなら早い方が良いということです。

理由は二つあります。

一つ目は、Amazonのセラーは実績を重視されるため、早くスタートし、早く実績を積み始めたほうが売れやすくなるからです。この点は副業、起業に関係なく、輸出入を手掛ける人全員に共通しています。実績などについての考え方に関しては第4章で詳しく説明します。

二つ目の理由は、主に起業する人や、将来的に起業を考えている人に伝えたいことで、年を取るほどリスクが取りづらくなるためです。

例えば、30歳で独身なら、月々の生活費も安く収まりますので、なかなかうまく稼げない時期があってもどうにか乗り越えられます。私もスタートした時は月30万円を目標にしましたし、実際、それだけあれば普通の暮らしはできました。

しかし、結婚して子どもができたり、子どもが大きくなり、学費がかさむようになると、生活費が高くなります。30万円くらいでは足りず、うまく稼げなかった時のダメージも大きくなりますし、体力的、時間的にできないことも増えます。

そういう状況になると、雇われない生き方に乗り換えるのが難しくなり、ズルズルと雇われたまま「あがり」のないレールを進んでいくことになります。

それを避けるためにも、リスクが取れるうちに動き出し、経験を積み始めるのが良いと思います。

そのほかに準備するものとしては、半年分くらいの生活費を貯めておくとよいと思います。貯金については、あらかじめ金額を決めておくことが重要です。

なぜなら、お金はあればあるほど安心感が増すため、「半年分より1年分あった方がいい」「あと200万円貯まるまで待とう」などと考えるようになり、そのせいで一歩目を踏み出すタイミングが遅くなるからです。

さすがに貯金ゼロ円で起業するのは無謀ですが、たくさん貯まるまで待つ必要はありません。

これまで会社勤めしてきた人は、自己都合で辞めたとしても最短で3カ月後から失業給付金が受け取れます。そこまで食いつなぐお金があれば、とりあえず生活は維持できるでしょう。失業から3カ月分の生活費と、失業給付金で補う分を足して、年収の半年分くらいの貯金を目安にするとよいと思います。

年収500万円なら250万円です。会社を辞めると、意識的に節約志向が高まるため、200万円くらいでも足りると思います。

現時点で半年分貯まっていなければ、まずは貯めましょう。貯まったら動き出しましょう。

次章では、なぜ個人輸入・輸出が良い方法なのかを説明します。

第2章

◇◇◇◇◇◇◇◇◇◇◇◇

片手間＆少額資金で始められる！「雇われない生き方」はAmazon無在庫販売で実現する

会社を辞めた時、個人での輸出入で生活していける自信はありませんでした。雇われる生き方と決別することに少なからず恐怖心もありましたが、それ以上に会社に残り続けることが恐怖だったため、勢いに任せるようにして雇われ続ける人生を終わらせました。

無計画に見えるかもしれません。

しかし、勝算もありました。

それは、輸出入の仕事にはほかの副業や起業の仕事よりも成功しやすいポイントがあるということです。

そう感じているのは私だけではありません。

私は現在、輸出入のノウハウを教えるスクールを運営し、常時約300人、開校からの累計では、卒業した人を含めて2500人ほどのスクール生を指導しています。彼らのなかには、ほかの事業を手掛けたり、挑戦したりした人がたくさんいます。その彼らも、輸出入が最も効率がいいと口をそろえているのです。本章ではその理由とメリットを説明します。

1　今日からできる

輸出入が成功しやすい一つ目のポイントは、仕事の仕組みと作業内容がシンプルであることです。

ざっくりと仕組みを説明すると、まずはAmazonで売買するためのアカウントを作ります。次に、海外のAmazonで売られている商品のなかから、日本でも売れそうな商品を見つけます。その商品を日本のAmazonで出品します。売れたら代金を受け取り、商品を購入者に発送します。

これだけのことですので、誰にでも簡単にできます。シンプルな事業で、失敗する要因が少ないのです。

詳細は次章で説明しますが、商品を見つける作業と出品する作業は専用のツールを使って自動化できます。売れた商品を発送する作業も外注することによって手間を減らすことができますので、このような方法を取り入れることによってさらに失敗するリスクを抑えることができます。

また、簡単な仕組みですので、アカウントさえ作れば、すぐに始められます。例えば、ラーメン店や雑貨店などを開く場合は店舗を探す必要があります。人を雇う場合は採用のための時間が掛かりますし、融資を受けるには審査があります。

その点、輸出入はインターネット上の仮想店舗で商品を販売しますので、ほとんど準備がいりません。個人でやりますし、家でやりますから、パソコンとインターネットにつながる環境さえあれば、人、店、事務所といった環境を整える必要がないのです。

マインドの面から見ると、面白そうだ、やってみようかなと思った時に、すぐに実行できるところが重要だと思います。

どれだけ精度が高いノウハウを伝えても、当人がやってみようと思わなければ事業はスタートできません。

例えば、資格が必要な仕事などは、資格を取るまでに時間が掛かります。勉強しなければなりませんので、そこで心理的な壁を感じ、一歩目が踏み出せなくなる人もいると思います。

ラーメン店などのように人や店舗を探さなければならない事業にも同じことがいえるでしょう。

ラーメン店を成功させるノウハウはたくさんあるはずですが、出店するまでの作業が大変なため、なかなか腰が上がりません。成功する確率が高くても、面倒くさそうと思えばやらないでしょうし、「やることが多過ぎる」「自分には無理だ」と諦めてしまう人もいます。結果、雇われる人生から抜け出す機会を逃してしまうのです。

輸出入には、それがありません。

アカウントを作り、出品するだけでスタートできるため、一歩目が簡単に踏み出せるのです。

楽しいかどうか、お金になるかどうかは、やってみなければ分かりません。

言い方を変えると、やってみれば分かるということです。

この「やってみる」が簡単にできることが輸出入の特徴だと思います。

2　お試し感覚でできる

すぐにスタートできるということは、お試し感覚でスタートできるというメリットにもつながります。これも成功しやすくなるポイントです。

食べ物を買う時に試食してみるのと同じで、事業もお試しできるのが理想です。

また、食べ物の失敗は「イマイチだった」で済みますが、雇われる生き方から雇われない生き方へのシフトは人生そのものも変える大きな決断ですから「イマイチだった」では済みません。なおさらお試しが重要ですし、輸出入はお試しできる数少ない事業の一つなのです。

本書は雇われない生き方を推奨しますし、そのための最適な手段が輸出入だと位置づけています。それが私の本音ですし、紆余曲折ありながらもたどり着いた究極の結論でもあります。

しかし、すべての人がこの方法で幸せになれるとは限りません。性格的、環境的、能力的な面で、輸出入に向いていない人や楽しさを感じない人もいるはずなのです。

その答えを知るためには、実際にやってみて、楽しさ、大変さ、魅力などを実感することが最も確実な方法です。

輸出入の仕組みを知り「面白そうだ」「やってみたい」と思ったとしても、実際にやってみたらそれほど面白くないかもしれません。向いていないと感じたなら、やめればよいだけです。ラーメン店を開くのと違い、始めるのが簡単なら、やめるのも簡単です。

逆に、輸出入にイマイチ魅力を感じていなかった人が、やってみて面白いと感じることもあります。やる前には想像していなかった魅力や楽しさを感じることもあります。

その点からいうと、少しでも興味があるのであれば、まず試してみると良いと思います。面白いと感じたら続ければよいですし、自分には合わないと感じたらやめればよいだけのことなのです。

３　副業でできる

すぐにでき、お試しでできるというメリットを活かして、会社員の人は、まずは副業としてやってみるのも良い方法だと思います。

私も最初は前職を続けながら副業として輸出入を始めました。当時は仕事が忙しく、わずかな空き時間しか取れませんでしたが、それでもどうにかスタートできたくらい輸出入はすぐにできるのが特徴です。

また、副業でやるなら本業は残りますので、仮に生活の面などで自分が輸出入に向いていなかったとしても、いつでも古巣に戻れます。会社を辞めてから「向いていなかった」と悟ると、雇われない生き方を実現する別の手段を見つけなければなりませんし、就職先を探すのもひと苦労です。

そのリスクを抑えるためにも副業は一つの有効な選択肢になるでしょう。

副業としてスタートしたなら、その先はずっと副業でも起業に進んでもどちらでもよいと思います。スクール生を例にすると、副業のままを選んでいる人が7割ほどで、起業へ進んだ人よりも大勢います。

副業で新たな収入が得られるようになれば、実質的には経済的な面で雇われない生き方を実現できたのと同じです。厳密にいうとまったく同じではありませんが、これまでのような会社に依存する生き方から半分くらいは抜け出していますし、経済的な自由度も高まっているはずです。

実際、副業で稼いでいる人のなかには本業の給料と同じ、あるいはそれ以上のお金を稼いでいる人も珍しくありません。

また、時間の面での自由度が高くなることもあります。

副業で輸出入を始めた人と話をしていると、副業のための時間を増やしたいので、本業を効率良くこなし、定時で帰れるようになったといったことをよく耳にします。本業関連の慣習的な飲み会を断るようになったり、無駄に残業せずに済む方法を考えるようになったといった話もよく聞きます。

突き詰めて言えば、時間の使い方がうまくなり、有意義に使えるようになったということです。

本業の給料は簡単には増えませんが、輸出入で得られる収入は基本的には費やした時間と努力の量と比例します。たくさん時間を掛け、たくさん作業するほど、出品する点数も増え、よく売れる商品を発掘できる可能性も高まるのです。

その点も、副業する時間を増やしたい、そのために本業を効率良く終わらせたいという思いに通じているのだと思います。

また、起業して輸出入一本で取り組む人と比べ、副業の人は使える時間が少なくなります。そのため、副業の人のほうが効率を意識することが多く、稼ぎと時間の両面で効率が良くなるという側面もあると思います。

4　失敗できる

輸出入はスタート時の費用がほとんど掛かりません。自分で自宅で行いますから、事業の運営コストもほとんどいりません。コストを抑えながらスモールスタート（小さく事業を始めること）できることも大きなメリットだと思います。

例えば、ラーメン店や雑貨店などを開くためには数百万円のお金が必要です。当たれば儲かるでしょうが、問題は外れた時です。もう一度挑戦するためには再び資金を貯めなければなりません。目先の生活費や借金返済のお金に困ることにより、少額でも安定的に稼げるほうが良いと考えるようになり、せっかく決別した雇われる人生に戻ってしまうこともあります。

雇われない生き方を実現するためには、このリスクを最小限に抑えることが大事だと私は思っています。

失敗したとしても再挑戦できるくらいのダメージに収めることが重要で、輸出入はそのようなリスク管理ができるのです。

言い方を変えると、何度も挑戦できる余裕があるほど成功する確率は高くなるということです。

ラーメン店を出すためのコストが１００万円、輸出入を始めるためのコストが10万円だとしたら、ラーメン店の出店に1回挑戦するお金で輸出入は10回挑戦できます。

資金が１００万円しかなければ、ラーメン店は一回勝負で成功させなければなりませんが、輸出入は９回失敗でき、１回成功すればよいのです。

また、何度も挑戦できるということは、何度も失敗できるということです。

重要なのはここだと私は思います。

輸出入はシンプルな仕事ですが、最初はうまくいかないこともあるでしょう。

輸出入以外の仕事はさらに成功率が低いものもあり、起業を試みる人は世の中にたくさんいますが、生存率は決して高くありません。

中小企業を例にすると、10年後には約３割が市場から撤退し、20年後まで生き残る企業は約半分になるというデータがあります。

それなりにリスクを計算し、慎重に経営しているはずの企業でも失敗するのです。

そう考えれば、「会社を辞めたい」という衝動的な理由で起業する人や、資金力がない人、事業のノウハウがない人など、つまり、かつての私のような人が廃業に追いやられる可能性はさらに高いはずです。

しかし、私は特に苦境に立たされることなく、今もこうして生き残っています。スクール生で起業した人も、やるべきことをやらなかったり、途中で投げ出してしまった人は別ですが、きちんとやっている人はみんな生き残っています。

運が良いからではありません。失敗していないわけでもありません。むしろみんな素人ですので、たくさん失敗しています。しかし、ローリスクのスモールスタートであるため、廃業に追い込まれるようなダメージを受けないのです。

マインド面としては、失敗して当たり前であり、失敗しても恥ずかしくないと考えることが重要なのだと思います。

失敗しないほうが良いのですが、失敗を完全に避けることはできません。私も何度も失敗しました。「売れそうだ」と思って輸入した商品を、二束三文で叩き売ったこともたくさんあります。それでも、1回あたりの失敗でコスト負担が小さければ、何度も挑戦できます。その繰り返しのなかで売れ筋を見つける目利き力が身に付き、売り方を工夫するアイデアを思いつくなど、上手に稼ぐコツやポイントをつかめるようになるのです。

5　少額資金でできる

輸出入が成功しやすい五つ目のポイントは、少額の資金でスタートできることです。

輸出入はネット上で完結できる事業ですし、最初は一人でスタートしますので、店舗を構えたり人を雇ったりするためのお金は不要です。

準備する資金は、商品を買い付けるための資金です。

もちろん、資金が豊富なほうが有利ではありますが、それよりも大事なのは、失敗して資金が減るリスクを抑えることだと思います。

資金面から見た典型的な失敗は、売れない商品を買い付けてしまうことです。

輸入するための買い付け資金は、商品を買った時に減り、売れた時に戻ってきます。

そのため、売れない商品を抱えてしまうと資金が戻らず、次の商品が買えなくなります。買い付け資金を確保するためには売れない商品を安値で叩き売る必要があり、その結果、資金が減ります。これが典型的な失敗のパターンです。

このような失敗をしたり、失敗が何度か続いた時に、次の商品を買う資金がなくなってしまうと、輸出入は続けられません。

それを避けるには、失敗した時のことを想定したうえで、ある程度の買い付け資金を準備しておく必要があります。

ある程度がどの程度かは人によって判断が異なりますが、私やスクール生の例などを踏まえて考えると、副業で始める場合や、退職してから失業給付金がもらえる場合は、２００万円くらいが目安になるだろうと思っています。

輸出入は少額でスタートできますが、少額はゼロ円という意味ではありません。買い付け資金がなければ売買できませんし、そもそも売買するためのツールとしてパソコンも必要です。

また、重要なのは起業することではなく、起業して、事業を続けることですので、失敗したとしても次の買い付けができる余力を残すという点から見て、50万円や100万円では失敗した時に資金が尽きてしまう可能性があります。

現状として預金が少ない場合は、まずは200万円くらいを目安として貯めるのが良いと思います。

買い付け資金は多いほうが有利ですので、200万円より500万円あったほうが安心ですし、1000万円あればさらに安心です。ただし、現在200万円ある人が500万円貯まるまで待つ必要はないと思います。預金が多いほうが安心感は増しますが、そのためにスタートのタイミングを遅らせるより、始めたほうが良いと思うからです。

6　在庫なしでできる

輸出入の基本的な仕組みは一般的な商店と同じで、商品を仕入れ、利益を乗せて販売します。

そこで課題となるのが、前述した売れ残りであり、在庫するリスクです。スクール生からも「売れ筋を見つける自信がない」「在庫を抱えるのが怖い」といった声をよく聞きます。

私が教えている方法であれば、このリスクを抑えることができます。一般商店のように商品を在庫することなく、先に売り、そのあとで売れた商品を買い付けることができるからです。

この方法を無在庫販売といいます。

無在庫販売の詳しい方法は次章で説明しますが、まずは無在庫販売の仕組みを押さえておきましょう。

無在庫販売の大きな特徴は、仕入れる前に売るという点です。

通常の商品販売は、仕入れた商品を店頭に並べ、販売していきます。仕入れが先ですので、先に買い付け費用が掛かり、売れなければ回収できません。これが在庫リスクを生みます。

一方、無在庫販売は、海外のサイトで出品されている商品を国内のサイトで出品します。国内で売れたら、海外のサイトで商品を買い、購入者に送ります。売れるまでは商品は買いませんので、買い付けコストは掛かりません。つまり、在庫するための資金がいらず、仮に売れなかったとしても売れ残りによる損失も発生しないということです。

ただ、通常の販売方法と比べると、売れてから買い付ける分、商品を購入者に届けるまでの時間が掛かります。また、在庫しないため、海外のサイトで商品が売り切れたら、国内で購入希望者を見つけたとしても売れません。

どちらの方法も長所、短所があるため簡単に優劣は付けられませんが、私は在庫ありからスタートしました。輸入の流れを理解したり、「安く仕入れて高く売る」という商売の基本を実体験を通じて学べるという点では、在庫を持つ売買の方が良いと思います。

ただ、より低リスクでスタートしたい人は無在庫販売の方がメリットが大きいと思います。また、どちらか一つの方法しか選べないわけではありませんので、最初は低リスクの無在庫販売で利益を獲得しながら、まとまった買い付け資金ができた時に、在庫ありの販売に移行したり、両方手掛けたりといったことも可能です。

7　専門知識がいらない

在庫の有無を問わず、輸出入の仕事は商品を仕入れて売るだけですので、特に複雑な点はありません。利益計算についても在庫の有無は関係なく、「売値－（仕入れ値＋売買コスト）」で計算します。売買コストは、商品を仕入れる際に掛かる税金、送料、Amazonなどに支払う手数料などを含みます。また、在庫の有無を問わず、輸出入に掛かるコストの額も同じです。

覚えることはこれくらいですので、専門知識は不要です。資格もいりません。物流や物販に関する知識や経験も、あればあったで役に立つでしょうが、なくても問題ありません。例えば私は、前職が酒屋チェーンでしたので、物販や売上管理、在庫管理などは多少慣れていました。ただ、それが輸出入の仕事に役立っているかというと、役立っている気もしますが、未経験でも問題なかっただろうと思います。

強いて条件を挙げるとすれば、パソコンを使えることくらいでしょうか。とはいえ、プログラミングなどのスキルは必要なく、ネットショッピングができ、オークションサイトで出品できるくらいのスキルがあれば十分です。エクセルが使えればさらに安心です。

スクール生を例にすると、ネットショッピングなどの経験はあり、オークションの仕組みなども理解しているものの、スマートフォンしか使ったことがなく、パソコン操作ができないという人は主婦層に多く、ほかの属性と比べてスタート時につまずくケースが多いといえます。

また、パソコン操作に慣れている人でも、ネット接続の方法が分からなかったり、エラーやウィルス感染の警告が出た時の対処法などが分からなかったりしたことがあり、そのような人もスタートでつまずきやすい傾向があります。

逆に、パソコンを使い慣れている会社員はスムーズにスタートしています。実際、スクール生でも男性会社員の参加意欲は強く、副業としてうまく稼いでいる人が多くいます。

学生は、そもそも頭が柔軟なことと、インターネットでものを買ったり、不用品をオークションサイトで売ったりすることに慣れているため、ほとんどつまずきません。

彼らはスマホ世代ではあるのですが、パソコン操作や輸出入の作業に使うツールなどについて理解するスピードも早く、さすがデジタルネイティブだと感じます。

学生についてもう一つ特徴的と感じるのは、仕事として始める意識は薄く、お小遣い稼ぎという目的もあまりなく、ゲーム感覚でスタートする人が多いことです。感覚的には、ゲームのレアなアイテムを見つけ、売るような楽しみ方をしているように見えます。

シニア層とインターネットの親和性がいまいちイメージできない人も多いかもしれませんが、スクール生は会社員だった時にパソコンを使っていた人が多く、つまずく人はあまりいません。

また、引退したシニア層は時間があり、パソコンの操作方法や作業効率化のコツなどを熱心に勉強します。事業というよりは老後の趣味や年金の足しにするといった目的で始める人も多く、低リスクでスタートできる点もシニア層に注目される一つのポイントになっています。

このような傾向を見ても、パソコン操作が障壁にならなければ、輸出入を始めるハードルは非常に低いといえるでしょう。誰でもできますし、未経験者でもやりながら覚えていけるのが良いところだと思います。

「できない」のか「やっていない」のか

話は少しそれますが「誰でもできる」と聞いた時の反応は大きく二つに分けることができ、

すぐにやってみようと思う人と、そうは思わない人がいるのだと思います。やってみようと思わない人は、例えば、そうはいっても難しいのではないか、「誰でも」に自分は当てはまらないのではないかなどと疑ってかかる人です。

受け取り方や判断は人それぞれですし、性格によるところもあるでしょうから、どちらのタイプが良い、悪いというつもりはありません。

また、私は自由に生きることが理想で、そのための手段として輸出入の代行が最適解だと思っていますが、万人がこの方法で幸せになれるとも思っていません。

ただし、現状を変えたいのであれば、行動することが不可欠です。

「難しいのではないか」「自分には向いていないのではないか」と疑うマインドをいったん脇に置き、とりあえずやってみるマインドを持つことが重要です。

スクール生を見ていても、すぐに要領をつかむ人もいれば、なかなか成果が出ない人もいます。

その差はなんだろうと考えてみると、成果が出ない人は、やってみる前に「できない」と諦めているケースが多いように感じます。

つまり、できないのではなく、やっていないだけなのです。

最初からうまくいく人は極めて少数です。すでに述べたとおり、失敗することを前提にスタートするくらいの意識が重要です。

しかし、失敗も含めながら、試行錯誤していくうちにできるようになります。小学生が算数を勉強したり、野球などのスポーツで徐々にうまくなっていくのと同じで、最初はできないことや分からないこともあるのですが、やっていくうちにできるようになり、分かるようになるものなのです。マインドを変えるという点では、そこを分かっていることが大事です。

実はこのマインドは、輸出入をスタートしたあとも重要です。

着実に成果を出すためには、例えば、コツコツと海外のサイトを見るなどして、商品を見つける必要があります。慣れてしまえばたいした作業ではないのですが、初見ではやることが多そうに見えます。結果、自分には無理だ、できないと思い込んでしまい、離脱してしまう人がいます。

また、輸入可能な商品は無限にあり、その商品がどれだけの利益を生むかは分かりません。うまく稼いでいる人は、売れるかもしれない、とりあえず買い付けようと考えます。実際、誰が買うんだろうと思うようなものが、高値で売れることも珍しくありません。

一方、なかなか成果に恵まれない人は、どうせ売れないだろう、買うだけ無駄と考えて敬遠してしまいます。これも「できないのではなく、やっていないだけ」のパターンだと思います。

輸出入はシンプルな事業ですから、できないことはほぼありません。

自力でやり方を編み出す必要はなく、やることもほぼ決まっています。無在庫ならリスクも小さく、売れなかった時の損失も限定的です。

「とりあえずやってみる」というマインドさえ持てば、スタート時の障壁は乗り越えられますし、事業としても長続きしやすくなるのです。

8 市場が安定している

話を戻しましょう。

輸出入がほかの方法より成功しやすい八つ目のポイントは、市場が安定していることです。

Amazonでは億単位の商品が売られています。

そのなかでは絶えず新陳代謝が起きていますが、売る商品がなくなるということはあり得ません。ある商品の需要がなくなったとしても、その一方で新たな需要をつかむ新しい商品が次々と生まれているのです。

また、そもそも物販は古来から続いている事業で、消滅しない事業でもあります。市場規模という点では、国内の人口は減少傾向ですが、それでもまだ1億人の消費者がいます。

日本には、まだまだ海外の商品を欲しがっている人がたくさんいます。日々、海外のサイトで何万点もの商品を見ている私でさえ、これは面白いと驚くことがよくありますし、「個人的に欲しい」「使ってみたい」と感じるものもあります。

ＧＡＦＡの一つであるAmazonが消滅する可能性もほぼゼロですし、仮にAmazonが物販プラットフォームとして機能しなくなったとしても、ヤフーショッピングやイーベイなど別のプラットフォームがあります。

輸出入が事業として成立しなくなる唯一の可能性は、個人単位で海外から欲しいものを取り寄せられる時代になった時です。

少し専門的な話になりますが、輸出入が事業として成立するのは売り手と買い手の間に情報格差があるからです。

セラーは海外のサイトで魅力的な商品が売られていることを知っています。買い手はその情報を知らず、買い方も分からないため、間を取り持つセラーが利益を得ることができるわけです。

情報格差がない世界では、個人が海外のサイトで直接買います。消費者が商店ではなくメーカーから直接商品を買うようなもので、そうなると間に入っている輸入者はいらなくなります。

いずれそのような世界が実現するかもしれませんが、私は当分先だと思っています。

9 仕組み化できる

輸出入の作業はシンプルで、売れそうな商品を見つけ、出品していくだけです。しかし、取り扱う商品数が増えると、一人の手には負えなくなってきます。

そこで必要になるのが人です。輸出入の作業は、ほかの事業に比べて人に依頼しやすく、人を使った仕組み化がしやすいというメリットがあります。

仕組み化しやすい理由は、輸出入の作業を細かく分けることができるからです。

具体的な作業は、海外のサイトで商品を見つける、出品する、購入者とやりとりする、商品を買い付ける、商品を受け取り購入者に発送する、そのための梱包をする、入金・出金を管理するといったことに分けられます。

これら部分部分の作業を担ってくれる人を見つければ、輸出入事業を分業によって成立させる仕組みができます。

また、これら一つひとつはとても簡単な作業ですので、未経験の人でもすぐに担えます。出品する人は、ひたすらパソコンに向かって出品すれば良いだけですし、梱包する人も、ひたすら梱包すれば良いだけですので、これといった専門スキルが必要なく、担ってくれる人も見つけやすいはずです。

例えば、家族の手が空いていれば、梱包作業を頼めるかもしれません。短時間のアルバイトを探している知り合いがいて、その人がパソコンを使えるなら、出品作業だけ任せることもできます。

輸出入業界は外注業者も多く、海外から商品を発送したり国内で商品を受け取るサービスなどを利用することもできます。

周りに手伝ってくれる人が見当たらなければ、そのようなサービスを使って仕組み化していくこともできるでしょう。

雇われない生き方を実現する方法はいくつもありますが、分業化や仕組み化できるものばかりではありません。

例えば、フリーターとして稼ぐ場合は勤務場所に行かなければなりませんので、他人に任せるわけにはいきません。

アフィリエイト記事を書いて広告費などを稼ぐ方法は、今日からできる、少ない資金でできる、副業でできるといった点で輸出入と似ていますが、記事を書くというメインの作業を誰かに任せるのが難しいという特徴があります。

この違いがあるため、輸出入は最終的には周りや外注業者に任せ、自分がいなくても機能する事業にできますが、アフィリエイトは仕組み化が困難です。いずれの方法でも経済的な自由と人付き合いの自由は手に入りますが、時間的な自由は人任せにできる輸出入の方が優位性があるのです。

10 代行業者が多い

前述のとおり、輸出入事業は一つひとつの作業を細かく分けることができ、各作業に関して外注業者もたくさんいます。その点でもう一つメリットといえるのが、分からないことや苦手なことを外注できるということです。

例えば、法律関連です。輸出入は国境をまたぐやりとりですので、関税を含む法律を押さえておく必要があります。輸入する商品に関しても、売れそうならなんでも輸入していいわけではなく、例えば、武器扱いになるものは輸入できませんし、知的財産権に触れるものも扱えません。

そのような知識はやりながら学んでいくことができますが、法律そのものをハードルと感じてしまう人もいます。

その場合は専門家に依頼して、チェックしてもらうことができます。

私も法律の専門家ではありませんので、分からないことがあるたびに確認するようにしています。自分で細かく勉強するのが理想ではありますが、専門家がいるなら任せてしまうという選択ができるのも輸出入のメリットだと思います。

海外とのやりとりでは語学もハードルになります。

今は翻訳サイトなどが充実していますが、機械の翻訳能力には限界があり、細かなニュアンスが伝わらなかったり、意味が分からないこともあります。輸出入のみ行うなら実感として英検三級くらいの能力があれば事足りると思いますが、輸入と絡めて物流まで行おうと思った場合は、高度な英語が必要になります。

そのような場合は、購入者や買い付け先とのやりとりを代行してくれる交渉代行を使うことができます。梱包や商品の受け取りなど自分でできることを、仕組み化や自分の時間を増やすための手段として外注化するのとは別に、餅は餅屋の考えで、分からないことを任せる、苦手なことを頼むといった外注ができるのも輸出入の良いところだと思います。

11 市場が大きい

輸出入を含む物販は、市場が巨大で、成長し続けていることも特徴です。

インターネットの普及率は上がる一方ですから、ネット経由で販売できる相手は今後も増え続けます。輸出入の作業は現状はパソコンを使って出品していますが、購入者側ではすでにスマートフォン経由で商品を買うのが当たり前になりつつありますし、今、スマホでネットショッピングをしている人が、シニアになってスマホを手放すこともないでしょう。若い層のスマホユーザー率も増えています。そのため、国内人口は減っていくとしても、ネットショッピングのユーザー数はそれほど減らず、むしろ増えていく可能性があります。輸出入を手掛ける人の目線から見ると、見込み客の数と需要が安定するのです。

また、輸入だけでなく輸出もできます。輸出は、日本国内にある商品を海外のサイトに出品し、販売するものです。

その点に目を向けると、市場はさらに巨大です。なぜなら、輸入商品の見込み客が最大１億人（の日本人）だとすれば、輸出商品の見込み客は最大70億人まで増えるからです。

さすがにそこまで見込むのは大げさだとしても、アメリカだけでも人口は日本の２・５倍です。また、今後は新興国でもネットが普及し、ネットショッピングが普及していくことでしょう。新興国は人口が増えている国ばかりですし、ネットショッピングを楽しむ中間所得層も増えています。そのような点も踏まえて、輸出市場は巨大であり、成長し続けているといえるのです。

雇われない生き方を目指す人から見ると、両方できるということが重要なのだと思います。

私もスタート時は輸入のみでしたが、今は輸出も行っています。スクール生のなかにも、日本のアニメ関連の商品を輸出したり、希少価値が高いカメラなどを海外のサイトで販売している人がいます。

面白さという点では、国内にない商品を扱ったり、こんなものが売れるのかという驚きがあるため、輸入の方が面白いと思います。

ただ、事業の広がりや可能性という点では輸出です。

日本は海外でもよく知られている国の一つだと思いますが、どんな文化で、どんなモノがあるのか知らない人もたくさんいます。いわゆるオタク系の商品や、高い技術力が反映された精密機器などを欲しがっている人もいます。我々が当たり前に使っているものが、もしかしたらアジアやアフリカや中東では珍しがられ、売れるかもしれません。

そのような現状がある限り、市場は安定的で寿命もとても長いのです。

12 キャッシュの回転率が良い

物販は、仕入れ値と売値の差で稼ぎます。そのため、利益を増やすための基本として、安く仕入れ、高く売ることが大事なのですが、仕入れてから売るまでの回転数を高め、資金効率を良くすることも重要です。

その点から見ると、個人の輸出入は安価な商品を売ることが多く、回転率が上がりやすいといえます。

個人の輸出入は個人が個人に向けて商品を売るのが基本ですので、一つ１００万円を超えるような商品を扱うことはほとんどなく、大半は数万円、高くてもせいぜい10万円くらいまでです。よほど需要がない商品を買い付けた場合は別ですが、安価な商品はよく売れますし、そのたびに資金が回転するのです。

在庫ありで輸入する場合、もし需要がない商品を買い付けてしまったとしても、次の買い付け資金が必要な時にはオークションサイトなどで叩き売れば現金化できます。現金化しやすいというのも重要なポイントで、資金さえ残れば事業も続きます。

また、無在庫販売の場合は、そもそも需要がない商品を買い付けたり、売れない商品を叩き売るといったことになり得ないため、在庫によって資金の回転率が下がる心配もいりません。

13　収支が安定しやすい

安価な商品を多く扱うことは、収支の安定にもつながります。これも事業として成功しやすい重要なポイントです。

例えば、利益率20％で20万円稼ぐ場合、１００万円の商品なら一つ売れば20万円の利益になります。10万円の商品は10個、１万円の商品なら１００個売らなければなりません。

時間や手間を考えると、高額の商品が売れる方が効率的です。

しかし、私は安価な商品を売り、細かく利益を積み重ねられる点が良いと思っています。なぜなら、その方が月々の収支が安定しやすいからです。

出品してから１カ月間、１００万円の商品が売れないことはよくあります。その場合、その月の売上はゼロ円です。しかし、10万円の商品なら何個かは売れます。１万円くらいの商品ならさらに良く売れます。

つまり、１００万円の商品のみ扱う場合は収入ゼロ円が続く可能性がありますが、安価な商品であれば、多少売れ行きが悪かったとしてもゼロになる可能性は小さく、結果として月20万円という収支も安定しやすくなるということです。

雇われない生き方を選ぶ以上、収入がゼロ円になるリスクは受け入れなければなりません。そのリスクを取るからこそ、雇われている時には想像できないような高収入が得られる可能性も生まれます。

ただ、ある程度のリスクは取るにしても、収支はなるべく安定しているほうが良いと思います。

儲かる月があり、儲からない月があり、その変動幅が大きいのが雇われない生き方の実態だとしても、できるだけそのデコボコの差を小さくしたほうが収支を管理しやすくなりますし、その後の人生のプランやお金のプランも立てやすくなります。デコボコが小さい方が精神的に優しいと思います。

「やってみる」ことが大事

さて、以上が輸出入で稼ぐメリットです。

事業としての優位性を羅列していけば、「7、8個くらいにはなるかもしれないな」と思っていたら、13個まで増えてしまいました。細かなポイントを挙げればさらに増えますが、この辺にしておきましょう。

ここまで挙げた情報だけでも、輸出入が低リスクで、スモールスタートでき、成功しやすい仕事だと十分に分かってもらえたと思います。

面白いかどうかは分かりません。

分からないことは、やってみるしかありません。
次章ではやってみるための方法を具体的に説明します。
面白そうだと思ったら、今日から挑戦してみましょう。
行動することによってのみ人生は変わります。

第3章

アカウント開設から
商品発送、入金まで
実践！ 4カ月で月商100万円を
稼ぐAmazon無在庫販売

４カ月で人生を変える

この章では在庫を持たずに個人輸入を始める無在庫輸入のステップをすべて説明します。物販に詳しくなくても構いません。個人で事業をすることが初めてでもまったく問題ありませんし、スクール生もほぼ全員が事業をしたことがない人です。

それでもできてしまうのは、無在庫輸入の仕組みと作業が非常にシンプルだからです。スクールでは、副業、起業を問わず、一歩目を踏み出してから事業がうまく回り始めるまでの期間として４カ月を目安にしています。つまり、最短４カ月で人生は変えられるということです。

輸出入で利益が生まれる仕組み

まずは前章のおさらいも含めて、個人輸入の仕組みを確認しておきます。

輸出入のビジネスモデルは、商品を在庫する方法と無在庫で売る方法に分けられますが、利益を得る仕組みはいずれも同じで、海外のショッピングサイトで売られている商品を国内のショッピングサイトで販売し、その差額から輸入コストなどを引いた金額が利益となります。

例えば、ある商品がアメリカのAmazon（amazon.com・以下AmazonUS）で50ドルで売られているとします。この商品を日本のAmazon（amazon.co.jp・以下AmazonJP）で１万円で販売すると、差額として５０００円弱くらいの利益が出ます。

ただ、輸入する場合はAmazonなどに支払う手数料、輸入のための送料、買い手に商品を送る際の送料、輸入品に対する税金（関税）が掛かりますので、この分を引いた残りが最終的な利益です。

商品によって多少の差はありますが、物販の利益率は売値の2割から3割程度ですので、売値１万円の商品なら２０００～３０００円の利益が得られると思います。価格が同じくらいの商品なら、１００個売れれば20～30万円になりますし、１０００個なら２００～３００万円の利益になるわけです。

商品そのものはAmazonUSで売られているものですので、日本国内からAmazonUSに直接アクセスし、購入することも可能です。

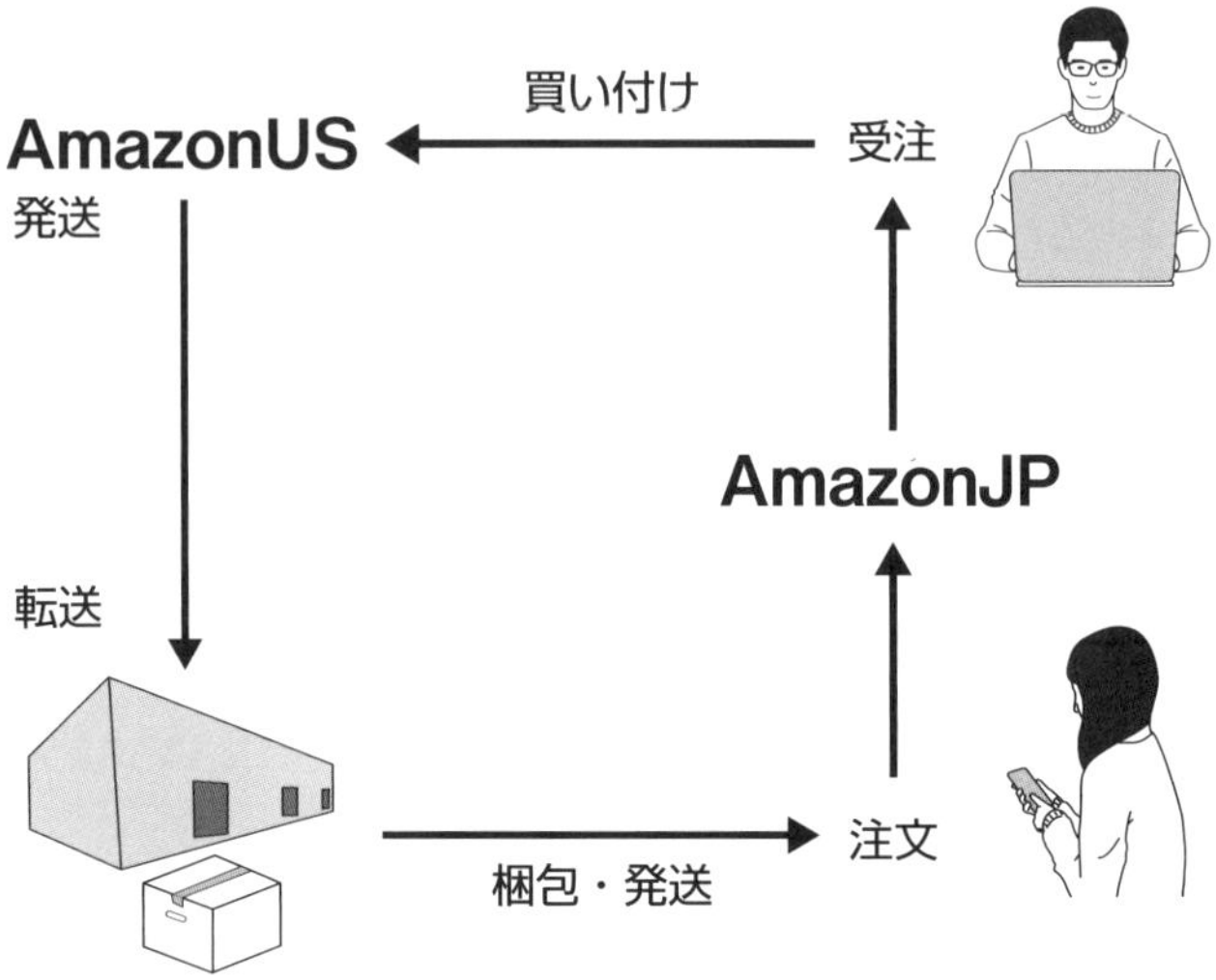

Amazon無在庫輸入の仕組み

しかし、商品で検索しても、AmazonUSのサイトが出てくることはほとんどありません。直接アクセスして買うとしても、ドル建てで買うことになりますし、購入してから日本に持ち込むまでの手間とコストが掛かります。

その部分を代行することが輸出入代行の役目です。AmazonUSの商品を国内で売り、利益が得られるのは、この代行作業の対価なのです。

在庫リスクがなく資金効率が良い

無在庫輸入が特徴的なのは、AmazonUSの商品をAmazonJPで販売する際に、商品を在庫しない点です。

商品の流れから見てみると、在庫を持つ個人輸入（一般的な物販）は、商品を仕入れ、在庫し、販売します。一方、無在庫輸入はこの順番と中身が少し違い、商品を販売し、仕入れ、発送します。

無在庫輸入は在庫が発生しませんので、商品が売れないかもしれないリスクは海外の販売者が取ることになります。

また、在庫を持つための資金も不要になり、在庫を置く場所などを手配する必要もありません。将来的には在庫ありの物販で大きな売上を狙うこともできますが、事業が軌道に乗るまではリスク管理を優先し、小さな失敗体験から学び、小さく成功体験を積み重ねていくのが良いと思います。

お金の流れを比べてみると、在庫を持つ個人輸入は、商品を仕入れた時に手持ちの資金が減り、売れた時にお金が戻ります。

一方の無在庫輸入は、販売が先、仕入れがあとという順番ですので、先に売上が立ちます。その後、売れた商品を海外から輸入しますので、在庫を持つ場合と比べて資金が手元を離れている期間が短くなります。

この違いがあるため、無在庫輸入は少ない資金で大量の商品を出品することができます。また、在庫をそろえる必要がないため、少ない資金でスタートすることもできます。

例えば、手持ちの資金が２００万円で、在庫を持って販売する場合、買い付けできる商品の限度額は２００万円までです。買い付けた商品が売れるまでは現金化できませんので、次の買い付けもできません。

その点、無在庫輸入は先に出品しますので、手持ちの資金に関係なく、売れそうな商品を際限なく出品することができます。売れた商品は順番に仕入れていきますので、その際には資金が必要になりますが、前述のとおり先に売上が立ち、売れてから入金されるまでの期間が短いため、効率よく資金を回転させることができます。

Amazonが最もやりやすい

海外のショッピングサイトは複数ありますが、これから無在庫輸入を始めるのであれば、私は米国のAmazonを使う無在庫輸入をお勧めします。つまり、AmazonUSで売っている商品をAmazonJPで売るということです。

Amazonを勧める理由は、ほかのサイトと比べて売買に掛かる手数料が安いことや、商品点数が圧倒的に多いことなどいくつかあります。

作業面では、AmazonUSで売られている商品とAmazonJPで売る商品を紐付けでき、管理しやすくなるというメリットがあります。

無在庫輸入は、最初は数十点の出品からスタートするのが普通ですが、すぐに何千点、何万点もの出品数に増えますし、スクールでも20万点出品することを一つの目安にしています。

そのような状態になると、何が売れたのか、その商品がどのページにあり、いくらで売っていたかといった情報を管理するだけで大変な作業に発展します。人力では限界がありますので、ほとんどの人は販売状況を管理するツールを使います。

その際に、AmazonにはＡＳＩＮ（Amazon Standard Identification Number）という10桁の商品識別コードがあるため、AmazonUSとAmazonJPの商品を簡単に紐づけることができます。ＡＳＩＮを使うことにより、AmazonUSの商品をAmazonJPのサイトで出品する作業も簡単になります。

以上が、無在庫輸入の仕組みについて押さえておきたいポイントです。

次に、無在庫輸入を始めるための準備について説明します。

無在庫販売のフロー1【アカウントを作る】

Amazonを使って売買するためには、Amazonのアカウントを二つ作る必要があります。

一つは、商品を出品するAmazonJPのアカウント、もう一つは、商品の仕入れ元となるAmazonUSのアカウントです。

まずは簡単に作れるAmazonJPのほうから見ていきましょう。

アカウント作成に必要なものは、メールアドレス、電話番号（携帯電話でも可）、クレジットカード、銀行口座の四つです。

クレジットカードはどのブランドのものでも良いのですが、AmazonUSから商品を買い付けるため、米国で普及率が高いアメリカン・エキスプレスのカードを作っておくと良いと思います。

カードはあとで変更することができますので、まずは手持ちのカードでアカウントを作り、アメリカン・エキスプレスのカードができたら、その時に変更することもできます。

また、事業が軌道に乗ってくると仕入れ額が増え、すぐにカードの限度額に達してしまいます。仕入れを滞らせないためにカードは複数枚用意しておくと良いと思います。

ただし、一度に複数枚のカードを作ると金融機関の信用情報に影響するので、合計３枚くらいを目安にしておきましょう。

あるいは、無在庫輸入や個人輸入専用のビジネスカードや法人カードを作るのも良い方法です。ビジネスカードは個人カードより限度額が高く設定されているため、無在庫輸入がある程度の規模になるまでは１枚で処理できます。

販売数が増え、お金の出入りが激しくなると資金管理が煩雑になり、分からなくなります。出入金の管理がずさんになり、それが原因で資金が足りずに仕入れができなくなることもあります。

そのようなミスを防ぐためにも、出入金を1箇所で管理するのは良い手段だと思います。ビジネスカードは年会費が掛かりますが、複数のカードを使い分けたり、資金管理の手間を掛けることを考えると、決して高くはない経費だと思います。

ちなみに、ビジネスカードは年会費が発生するせいか、個人カードと比べて審査が緩いという話をよく聞きます。また、仕入れでたくさんカードを使いますので、その副産物としてポイントやマイルが貯まります。おそらく、1年に1回、沖縄旅行するくらいのマイルはすぐに貯まるようになるでしょう。私自身、無在庫輸入を始めてから飛行機のチケットを買ったことはないと思います。

銀行口座は、普段使っている口座でも良いのですが、カードの話と同じで、別口座を作っておいたほうが資金管理が楽になります。新たに作るのであれば、ジャパンネット銀行や楽天銀行など、ネットバンク系の口座を作ると良いと思います。

無在庫輸入を始めると口座を確認する回数が増えます。副業で始める人は職場や出先からスマートフォン経由で確認する機会が増え、土日や夜間、早朝に出入金する回数も多くなります。その点からメガバンクとネットバンクを比べると、ネットバンクのサイトはスマートフォンでの操作性が良く、24時間、３６５日利用できるものが多いという特徴があります。

Amazon 無在庫輸入に最低限必要なもの

- AmazonJP の販売用アカウント
- AmazonUS の買い付け用アカウント
- 米国の転送会社との契約
- 梱包資材など
- クレジットカード
- パソコンとスマートフォンとネット環境

クラウド型の会計ソフトとも連携できるため、その点でもネットバンクの方が利便性が高いといえます。

無在庫販売のフロー2【セラー登録】

これら四つがそろったら、AmazonJPにてセラーの申し込みを行います。

Amazonには大口出品サービスと小口出品サービスの二つがありますので、大口としてセラー登録しましょう。

大口は月額登録料として月々約5000円掛かり、売れても売れなくても5000円ずつ払うことになります。

しかし、この費用に見合うだけのメリットがあります。

例えば、出品数や出品するカテゴリーが無制限になりますし、大量の商品をまとめて出品登録することもできます。すでにAmazonに出品されている商品だけでなく、新規の商品も出品できるようになりますし、規模が大きくなってきたり、事業を効率化したいと思ったりした時などには、データ分析などのサービスや機能も役立つと思います。

申し込みの手順はサイトの指示に従って必要情報を入力していくだけですので、迷うことはないと思います。

出品アカウントを作る際には、出品者の個人情報とともにショップ名も入力しますので、自分がAmazon上で使用するショップ名もあらかじめ考えておくと良いでしょう。

ポイントは、買い手に分かりやすいショップ名で、怪しく見えないことです。

例えば、グローバル、ワールドなどをショップ名に入れると輸入品のショップなのだと伝わりやすくなります。アメリカの商品を中心にするならアメリカ、米国、USなどをショップ名に入れても良いでしょうし、買い手に安心感を与えるため、迅速、安心といった単語をショップ名に入れている人もいます。

逆に、知名度がある企業やブランドなどの名称は使うことができません。例えば、Amazonショップといったショップ名にすることはできないということです。

「ショップ名なんて適当で良さそう」と思う人もいますが、長く付き合う名前ですし、買い手の印象も左右するため、しっかり考えて、気に入った名前を付けると良いと思います。

無在庫販売のフロー3 【AmazonUSのアカウントを作る】

次に、AmazonUSのアカウントです。このアカウントはAmazonUSで買い物をするために必要なものです。

アカウントの基本的な作り方はAmazonJPと同じです。

準備するものは、メールアドレスとクレジットカードです。

まずはAmazonUSのサイトにアクセスし、アカウント作成のページにて名前、メールアドレス、パスワードなどを入力します。これでアカウントの作成は終わりです。

次に、実際に買い物をする際に必要な住所とクレジットカード情報を登録します。入力作業は簡単なのですが、英語を読み違えたり、入力場所を間違える人も多いため、慎重に行うようにしましょう。住所が違ったり、氏名やカード情報が違ったりすると、それが原因でアカウントが停止されることがあります。

この点はAmazonJPについても同じです。

Amazonは本人確認が厳しく、おそらく詐欺行為をするような人などが簡単に入り込めないように予防線を張っているのだと思います。

そのような悪意がなかったとしても、入力ミスや不備は疑われる原因になります。アカウントが作れなければ無在庫輸入はスタートできませんので、丁寧に確認しながら入力作業を終わらせてください。

アカウントは生命線

アカウントは簡単に作れます。ただし、粗末に扱ってはいけません。なぜなら、アカウントは無在庫輸入を行うために必須のものであり、一人一つしか作れないからです。

Amazonの規約を破ったり、取引などで問題が起きると、アカウントは停止されたり、閉鎖されることがあります。また、停止になる前段階として、Amazonがおかしな点がないか審査することもあります。

深刻度は、審査、停止、閉鎖の順番です。審査になるとその時点での売上金が保留されることがあり、停止までいくと出品できなくなります。

審査と停止は、会社に例えるなら、顧客や取引先からの信用がぐらついている状態です。審査や停止となる原因と対処法については次章で詳しく説明しますが、まずはアカウントが非常に重要なもので、雇われない生き方を実現する生命線であることをしっかり認識しておきましょう。

アカウントが停止された場合は、Amazonに指摘されている問題などを解決すれば、復活する可能性があります。復活できれば、それまでと同様に出品でき、売上も確保できます。

しかし、問題が解決できなかった場合などは最終段階である閉鎖になります。

閉鎖になってしまうとアカウントの復活は絶望的になります。アカウントが使えなくなれば輸出入も必然的に終了しますし、閉鎖になった時点での売上金が入金されなくなる場合も多く、資金的にも大きなダメージを受けます。

アカウント閉鎖でさらに問題なのは、前述した「一人一つしか作れない」という点です。Amazonのアカウントは、アカウント作成時に登録する個人情報で管理されます。閉鎖されたアカウントに関する情報も残りますし、閉鎖になった時点でその情報はいわゆるブラックリストとなります。そのため、同じ氏名でアカウントを作り直そうとしても、アカウント作成の審査が通らなくなります。

また、Amazonが管理している情報としては、氏名のほか、住所、電話番号、メールアドレス、クレジットカード情報、銀行口座番号、ＩＰアドレスなどパソコンに関する情報、ショップ名などがあります。このような情報もブラックリストとなったアカウントと紐づくはずですので、まったくの別人にでもならない限り、アカウントの再作成は絶望的といえます。つまり、復帰できず、再作成もできず、個人輸入で雇われない生き方を実現する計画が根底から崩壊するということです。

そうならないためにも、アカウントは大切に扱いましょう。

稼ぐことも大事ですが、それよりも大事なのは、稼ぐ場であるアカウントを維持し続けることです。

無在庫販売のフロー4【出品する商品を選ぶ】

商品の販売用アカウントであるAmazonJPのアカウントと、購入（仕入れ）用アカウントであるAmazonUSのアカウントができたら準備完了です。

売る場（AmazonJP）ができ、仕入れ元（AmazonUS）から買えるようになりましたので、次は販売する商品選びへ進みます。

AmazonUSとAmazonJPで無在庫輸入する場合、仕入れ元のAmazonUSで売られている商品のなかから、売れそうな商品をAmazonJPで売り出します。

利益を得るためには、売れそうな商品を扱うことが重要です。ただ、無在庫輸入は在庫しませんので、売れない商品を出品しても損することはありません。

そのため、売れるかどうかよりもたくさん出品することを意識するほうが良いと思います。最初は特に何が売れるか分からないはずです。長く輸出入をやっていても、意外な商品が売れて驚くことがありますし、売れると思った商品が売れないこともあります。

そのため、売れそうな商品を１００品厳選して出品するより、売れないかもしれない商品を含めて1万品出品するほうが得策です。下手な鉄砲も数撃ちゃ当たるのと同じで、出品点数と売上は基本的に比例するのです。

また、スクールでは最終的に20万品の出品を目安とし、実は出品するための専用ツールもありますので、それを使うことによって出品作業は簡略化できます。ただ、アカウントを取ってすぐに大量の商品を出品するとAmazonからの審査が入ってしまう可能性があります。なぜかというと、販売し、売上だけ受け取って商品を送らない「空売り」と呼ばれる詐欺行為を警戒するからです。

そのような不要な疑惑を生まないためにも、最初の2、3カ月は手作業で出品数を増やしていくのが良いと思います。手作業でもそれなりに出品数は増やせますし、良さそうな商品を選びながら、無在庫輸入の流れや出品作業に慣れることも大切だと思います。

出品できない商品に注意

商品を選ぶ際にまず注意したいのが、輸入できない商品や、Amazonで販売できない商品があるという点です。

分かりやすい例として、銃などの武器は輸入できませんし、銃のような形をしたものも基本的には輸入できません。コピー品や盗品も輸入できませんし、後述しますが、知的財産権を侵害するコピー品などはアカウントが閉鎖になるリスクが大きい商品です。

その他の商品としては、医薬品と、ペット用の医薬品も輸入できません。また、飲料など液体も輸入不可で、食品も注意が必要です。国によって薬事法や食品衛生法が異なるため、健康食品や健康グッズも輸入規制に引っ掛かることがあります。

意外に感じるかもしれませんが、アダルトグッズも基本的には扱えません。一部、AmazonJPが販売を許可しているランジェリー、アダルトグッズ、アダルトメディアなどもありますが、アカウント停止・閉鎖のリスクを高めることになるため、避けたほうが無難だと思います。

輸入禁止かどうかを見る際のポイントは、法律などによって輸入が禁止されているものと、Amazon独自の判断として輸入を禁止または規制しているものがあるということです。

例えば、銃やコピー品、薬事法や食品衛生法などに抵触するものは輸入が禁止されている商品です。一方、電化製品、食品、アダルトグッズなどは、Amazonの判断によって一部の商品のみ輸入販売できるようになっています。独自基準はAmazonに限らず、ほかのプラットフォーム（メルカリなど）にもあります。この基準を満たしていないものは、法律的には問題なく輸入できたとしても、Amazonでは売れない可能性があります。

輸入が規制されている商品については、日本貿易振興機構（ジェトロ）のウェブサイトなどで確認するか、不明な場合はジェトロに直接問い合わせてみるのが良いと思います。

Amazon内で販売できない商品は左ページのリストに該当するもので、詳細はAmazonのウェブサイトで確認できます。

出品禁止商品

- 非合法の製品および非合法の可能性がある製品
- 許認可
- リコール対象商品
- 不快感を与える資料
- ヌード
- 「アダルト」商品
- アダルトメディア商品
- 18歳未満の児童の画像を含むメディア商品
- オンラインゲームのゲーム内通貨・アイテム類
- Amazon.co.jp限定TVゲーム・PCソフト商品
- 同人PCソフト
- 同人CD
- プロモーション用の媒体
- 食品
- 輸入食品および飲料
- ペット
- 動物用医薬品
- Amazonが販売を許可していないサプリメント・化粧品・成分例品
- 医療機器、医薬品、化粧品の小分け商品
- 海外製医療器具・医薬品
- 海外直送によるヘルス＆ビューティ商材
- ペダル付電動自転車
- ピッキングツール
- 盗品
- クレジットカード現金化
- 広告
- 無許可・非合法の野生生物である商品
- 銃器、弾薬および兵器
- 不快感を与える商品
- 制裁対象国、団体並びに個人

出典：AmazonのHPから抜粋
https://services.amazon.co.jp/services/sell-on-amazon/prohibited-items.html#illegal

自分が語れるカテゴリーを選ぶ

輸入、販売が禁止されているものを把握したら、次に売りたい商品を選びます。とはいえ、AmazonUSには何億という数の商品があります。また、前述のとおり、アカウントを作ってすぐの頃は出品点数が制限されます。

そのため、最終的にはツールを使って無作為に多数の商品を出品していきますが、最初は自分が得意なカテゴリーや興味のあるカテゴリーの商品から始めるのが良いと思います。

例えば、スポーツが好きならスポーツ関連グッズを見てみます。アウトドア好きならアウトドアグッズ、インテリア好きなら家具や家電、映画好きなら映画グッズを見てみましょう。

自分がよく知るカテゴリーの商品は、おそらく未知のカテゴリーの商品より売れ筋が予測しやすいと思います。AmazonUSを見ながら、自分が「欲しい」と感じる商品は、自分と似た趣味を持つ人も「欲しい」と思う可能性が高いはずです。

また、商品探しは地味な作業ですので興味がない商品ばかり見ていると飽きてしまいます。

しかし、興味がある商品群を見ていると、それだけで楽しくなります。結果として商品探しの作業に飽きにくくなり、商品選びを楽しむこともできると思います。

興味があるカテゴリーや得意なカテゴリーがない場合は、季節ものやイベント関連の商品を見てみると良いと思います。

季節ものは、例えば、ハロウィン、クリスマス、バレンタインなどの飾りなどです。イベント関連は、人気映画の新作公開や新しいアミューズメントパークの開場などがあり、オリンピックやワールドカップなど国全体が盛り上がるイベント関連のグッズも含めて良いと思います。

なぜこれらが良いかというと、安価な商品で点数が多く、出品しやすいことと、一定の需要が見込めるため、売れやすいからです。

例えば、ハロウィンやクリスマス飾りなどは海外のものを好む人がいます。イベント関連のグッズのなかには海外のみで販売されているものがあります。

そのような商品は需要があるため、売れやすくなります。イベントそのものに個人的な興味がなかったとしても、売れると楽しくなりますし、もっと売れそうな商品を探そうという意欲が高まりやすくなるのです。

メジャーは避けてニッチを見る

商品選びで重要なのは、何が売れるか分からないということです。

私自身、何年も無在庫輸入をしていますが、いまだに「こんなものが売れるのか」と驚くことがあります。何に使うのかよく分からないパソコンのツールやカメラの部品などが、意外と高額で売れたり、コンスタントに売れ続けることもあります。

そのような可能性を狙っていくためにも、狙いどころとしては、誰もが「売れるだろう」と予想するものだけでなく、ニッチな商品にも目を向けるのが良いと思います。

また、売れそうな商品を狙うのであれば「需要の先取り」と「商品の早売り」を意識しておくことが大事です。

例えば、アメリカで人気だった映画が日本で封切りされれば、おそらく封切りの前後から関連商品が売れます。

２０１９年のラグビーワールドカップ、２０２０年の東京オリンピックなど、スポーツ関連のイベントも関連グッズが売れる大きな機会になるでしょう。

そのため、アメリカで何が流行っているか監視したり、これから半年、１年くらいの間にどんなイベントがあるか把握しておけば、一足先に関連商品を出品することができます。これが需要を先取りするということです。

なぜ先取りが重要かというと、イベントのタイミングが近づくほど関連商品が「売れそうだ」と予想する人が増え、競合となる販売者が増えるからです。

イベント直前、直後には、在庫を持って販売する専門業者も参入してきます。在庫する資金力や梱包、発送のノウハウを蓄積している業者と個人が互角に勝負することは難しいですし、競合が増えると価格競争が起きやすくなり、売れにくくなるだけでなく利益率も低くなります。

少し戦略的な話をすると、資金力やノウハウを持つ業者はパワーセラーと呼ばれ、数は少ないのですが、大きな売上シェアを取っています。いわゆるパレートの法則に従って、２割くらいのパワーセラーが、シェアの８割くらいを持っていくわけです。

一方、個人はプレーヤーのなかの８割に含まれ、２割のシェアを取り合います。パワーセラーとは勝負になりませんので、勝負を避けつつ、いかに効率良く収益を得るかが重要な課題になります。

そのために有効な方法が、パワーセラーが目を付けにくいニッチな商品を扱うことと、売れそうな商品の場合は、パワーセラーがくる前から売り始め、パワーセラーがきたら手を引くという「需要の先取り」と「商品の早売り」なのです。

また、出品数もできる限り増やすのが良いと思います。

出品数を増やすと、その分だけ売上も確保しやすくなりますが、売ってはいけない商品などが紛れ込む可能性も上がり、アカウント停止になるリスクが増えます。

仮に売ってはいけない商品を扱ってしまうリスクが1000分の1だとしたら、1000品出品して10万円売り上げると、1品が規定に引っ掛かります。出品数を1万品に増やすと、売上は10倍になるでしょうが、規定に引っ掛かる商品数も10品に増えます。

しかし、このリスクを気にしていたら売上は伸ばせません。

前述した出品できない商品はきちんとはじく必要がありますが、その確認を行ったら、出品できる商品をかたっぱしから出品していくのが最も効率が良く、成功の近道になるだろうと思います。

ニッチな商品からＦＢＡ販売も視野に入れる

商品選びでもう一つ注意したいのは、プライムのマークが付いている商品は避けたほうが良いという点です。

プライムマークが付いた商品はAmazonのＦＢＡという在庫管理サービスを利用しています。そのため、注文された商品は即日発送され、最短翌日に買い手に届けられます。

一方、無在庫輸入は商品が売れてから仕入れますので、買った人に商品が届くまでの時間が掛かります。

買い手の目線で見れば、注文翌日に届けてくれるほうが魅力的に見えるはずです。つまり、プライムマーク付きの商品を圧倒的に安く売る場合は別ですが、無在庫輸入でプライムマーク付きの商品を扱うのは非常に難しいといえます。

何が売れるか分からないのが無在庫輸入の特徴ですが、ＦＢＡ販売されているプライムマーク付きの商品は、出品しても売れる可能性が極めて低いのです。

売れ筋を避け、ＦＢＡを避けたとしても、それでもまだAmazonUSには星の数ほどの商品があります。

ニッチな商品ほどＦＢＡ販売する競合が少なくなりますので、Amazonの売れ行きランキングを参考にして、20万位や30万位以下の商品から探してみるのも良いかもしれません。

また、ニッチな商品は回転率が悪いのですが、だからこそ無在庫輸入に向いているといえます。人気商品や日用品のようにすぐに売れる商品は在庫してもすぐに売れますが、ニッチな商品はそうはいきません。売れ残るリスクがあり、在庫することによって資金が拘束されるため、そのようなデメリットを避けつつ、資金の制限を受けずに大量出品できる無在庫輸入が適しているのです。

逆にいうと、無在庫輸入で出品した商品が思った以上に売れるようであれば、在庫を持って売る方法に切り替えるのも一つの方法です。

ＦＢＡ販売の登録はAmazonの出品ページ（セラーセントラル）で行うことができます。ＦＢＡの利用方法も簡単で、登録済みの商品をAmazonに納品すれば、あとは販売、受注管理、梱包、発送までAmazonに任せることができます。

また、無在庫輸入でニッチな商品のみ扱っていくと、売上機会が減ってしまいます。副業で行う場合は良いのですが、無在庫輸入一本で専業となる場合は月々の生活費などを稼ぐ必要があり、ニッチな商品だけでは必要なお金が稼げない可能性も出てきます。

そのような事態を防ぐために、無在庫輸入を基本としつつも、運よく売れ筋を見つけた場合にはＦＢＡ販売も並行して行っていく意識を持っておくと良いと思います。

ＦＢＡ販売は在庫切れリスクがなく、翌日に商品が届けられます。無在庫輸入と比べて買い手の不満が生まれにくく、アカウント停止の原因となるユーザ評価の低下や出品者都合のキャンセルなども発生しにくいため、アカウントを守ることにもつながります。

ただし、ＦＢＡ販売は在庫リスクがありますので、売れ残りや価格競争に巻き込まれるのを避けるために、前述した「需要の先取り」と「商品の早売り」はきちんと意識しておくことが大事です。

出品方法はカートを置くだけ

売りたい商品を見つけたら、その商品のページ（カタログ）に自分のカートを置きます。カートについては追って説明するとして、まずは出品の流れを押さえておきましょう。

Amazonは、出品されている商品をほかのセラーが同時に出品できる仕組みです。つまり、カタログを作り、商品を出品した人だけに限らず、カタログにカートを追加した人も、その商品を出品したことになり、売ることができます。

その方法も簡単で、カタログのページにある「マーケットプレイスに出品する」というボタンをクリックし、必要な情報を入力していくだけです。

この方法をマーケットプレイス出品や、すでに出品されているカタログに乗っかることから相乗り出品などと呼びます。

相乗り出品のメリットは二つあります。

まずは前述したように出品作業が極めて簡単なことです。商品を選び、出品ボタンをクリックし、必要な情報を入力するだけですので、数分あれば出品できるでしょう。

この手間が簡単なので、誰でも10万品、20万品という規模の出品ができるのです。

ちなみに、新規に出品する場合は、商品のカタログを作る必要があり、そのために商品の写真を撮影したり、商品の概要などを説明する文章を書く必要があります。一方、相乗り出品はその手間がいりません。写真は元のカタログのものが流用され、商品説明も元のカタログを元に書くか、海外からの輸入品です、新品です、注文から発送まではどれくらい掛かりますといった定型文を書けばよいだけです。

二つ目のメリットは、すでに出品されている商品であるため、どれくらい売れそうか、過去にどれくらい売れたかといった販売予測につながるデータが分かるという点です。

適度に売れている商品は、相乗りすることによって利益獲得のチャンスが得られます。

販売実績がない商品は売れるかどうか分かりませんが、相乗りしても特にマイナスになることはありません。

出品点数が増えるほど、商品が売れ、利益が得られる可能性も大きくなりますので、簡単に出品できる相乗り出品は輸出入で成功する近道であり、低リスクの方法でもあるのです。

カートを取ることが重要

では、カートとはなんなのでしょうか。

カートは、カタログから買う際に経由する「カートに入れる」のカートです。売りたい商品を見つけ、相乗り出品したとしても、買い手が自分のカート経由で買ってくれなければ売上にはなりません。

そのため、相乗り出品する際には、自分のカートを選んでもらうための工夫が必要になります。一つの商品に10人のセラーがいれば、ほかの9人ではなく、自分のショップのカートに入れてくれるような工夫をしなければならないということです。

これは相乗り出品のデメリットと言っても良いでしょう。

簡単に出品できるため競合が増えやすく、新規で売る場合と比べて売れる可能性が低くなるのです。

また、カタログの右側に表示される「カートに入れる」のボタンは一つだけです。カタログに表示されているのは、「この商品は○○○が販売、発送します」と書かれている○○○というセラーのカートで、買い手がほかのセラーから買ったり、ほかのセラーの出品情報を見るためには、カタログ内にある「新品の出品」「中古品の出品」をクリックしなければなりません。出品者側からすると、これらのボタンをクリックしてもらわない限り、自分のカート経由で買ってもらうことができないということです。

当然、最も有利なのはカタログ内に表示されるセラーで、断然売れやすくなります。この状態を「カートを取っている状態」と言います。

購入経験がある人なら分かるかもしれませんが、セラーがどんな人か確認することなく、ページ内の「カートに入れる」をクリックする人はたくさんいます。つまり、注文の流れの仕組み上、カートを取っている人に注文が集中しやすく、カートを取っていない人は存在していることさえ認識されない可能性もあるということなのです。

カートを取るには実績が必要

カタログに表示されるカートは固定ではなく、Amazonによって適宜入れ替わっています。

では、どうすればカートが取れるのでしょうか。

カートを取るための条件は、まず大口出品で登録していることが挙げられます。この点は前述したとおりセラー登録の際に大口を選んでいるはずなので問題はないだろうと思います。

そのほかにもカートを取るための条件がいくつかあるはずなのですが、実はその条件は明らかになっていません。

価格で見ると、最安値のセラーがカートを取っているケースが目立ちますが、最安値ではないセラーがカートを取っていることもあります。

購入者からのフィードバックや過去の販売実績なども影響するでしょうし、ショップ名、ほかにどんな商品を扱っているかなども影響している可能性があります。新規のセラーより古いセラーのほうがカートを取りやすくなっているとも思うのですが、結局のところ、どの要素が、どれくらいの影響を与えているかはAmazonにしか分からないのです。

どのような基準で判断しているにしても、購入者の評価は高いほうがよく、過去の販売数も多いほうがカートを取りやすくなるはずです。

その点に注意しながら出品数を増やし、実績を積み重ねましょう。

すべての商品でカートを取るのは難しいため、少しでもカートを取れる商品を増やすために、出品数を増やすことが大事です。

無在庫販売のフロー5【商品情報を入力】

次に、相乗り出品する際に入力する情報について見ていきましょう。

出品したいカタログを開いたら、「マーケットプレイスに出品する」をクリックします。すると、商品の詳細ページに移動しますので、項目を順番に入れていきます。

コンディションは「新品」「中古」「コレクター商品」から選択します。無在庫輸入の場合はほとんど新品の商品になるだろうと思います。

コンディション説明は必須の入力項目ではありません。ただし、記入しておいたほうが購入者にとって親切ですし、良いセラーである印象も与えますので、新品です、注文から何日で発送しますといった情報を入力しておくと良いと思います。

在庫は手持ちの商品数のことで、無在庫輸入の場合は０です。

価格については売値、経費、利益などを計算する必要があり、簡単には設定することができないのですが、最初はカタログと同じ価格にしておくのが良いでしょう。

出品者ＳＫＵは商品を管理するために自分で設定する番号です。何番にしても良く、必須項目でもありませんが、出品数を管理するためなどに使えるので、自分なりのルールを決めて管理すると良いと思います。

支払い方法のオプションは、代金引換やコンビニ決済を使う場合にチェックマークを入れます。

出荷方法は出品者が選択します。セラーとして個人輸入し、商品を受け取り、梱包して購入者に送るということです。在庫を持ってＦＢＡ販売する場合はＦＢＡから発送を選択しましょう。

以上で相乗り出品の入力はおしまいです。カタログを確認し、セラーとして登録されているか見てみましょう。

利益計算をして価格を設定

出品作業の過程では、価格設定で悩むかもしれません。

考え方は二つあります。

一つ目は、カートを取っているセラーの価格に合わせるという考え方です。カートを取っている価格は、出品者が「この価格なら利益が得られる」と計算した結果とみることができますので、同じ価格にすればおそらく利益が得られます。カートを取っているセラーと同じ価格なら、セラーの詳細情報を比較し、自分のショップから買ってくれる人が現れる可能性がありますし、カートを取るところでも少し触れましたが、カートを取っている価格より少し安く設定すると、カートが取れる可能性が高くなるかもしれません。

ただし、安くする場合には利益が減ります。また、安くてもいいので売りたいと考える人はほかにもいるでしょうから、そのような人がさらに安値で出品することで価格競争が起きる可能性も高くなります。

そもそも相乗り出品は誰でも簡単にできますので、競合が増えやすく、新規出品よりも価格競争が起きやすい傾向にあります。

また、カートを取っている価格に合わせる場合、たまたまその時の出品者が「安くてもいいから処分したい」と考え、相場より安い価格で出品している可能性もあります。その価格に合わせてしまうと、売れても経費で損が出てしまうでしょう。

そこで二つ目の考え方として、利益を計算した上で価格を設定します。

利益計算の方法は商品によって変わりますが、まず、どんな商品にも送料や税金が掛かりますので、売値３０００円くらいの商品では利益がほとんど取れません。目安として、１万円以上で売れるかどうかを商品選びの基本にすると良いと思います。

利益は商品によって異なりますが、ざっくり計算すると、例えば1万円で商品が売れた場合、Amazonに支払う手数料、税金、為替手数料などが２０００円くらいです。そこから日本に持ってくるための送料を引き、受け取った荷物を購入者に送る送料を引きます。輸入する際の送料については、商品をある程度まとめて輸入するため1個あたりの送料は少なくなりますが、それでも手元に残る利益は３０００円くらいになるでしょう。つまり、１万円で売る商品は半値以下で仕入れる必要があり、仕入れ値から売値を設定する場合は、仕入れ値の倍くらいに設定しないと利益が取れないということです。

もちろん、これはあくまで目安であり、もっと利益が取れる商品もあれば、革製品のように関税が高く、さらに仕入れ値を抑えなければならないものもあります。

ただ、仕入れ値と売値がだいたい2倍くらいだとイメージしておけば、安易にセラーの価格に合わせ、売れて損をするような事態は避けられると思います。

カートを取っている人の価格が安過ぎる場合は、その価格につられず、自分で計算した利益が残る価格で出品しておきましょう。カートを取る人は入れ替わりますので、安易に安値競争に乗るよりも、いずれ価格が適正化される、その時に売れればいいと考えておくほうが、長い目で見ると収益性が良くなると思います。

商標権がある商品は避けたほうが良い

出品する際にもう一つ気をつけたいのが知的財産権と関わる商品です。

知的財産は、特許権、意匠権、著作権などによって守られているもののことで、Amazonはサイト内で販売される商品の知的財産権を厳しく管理しています。

そのため、コピー品や偽物のブランド品を扱った場合は、発覚した時点でアカウント停止となることが多く、閉鎖になることもあります。また、本物であったとしても、ブランド品は正規の輸入者のみが取り扱えるようになっていることがほとんどですし、ディズニーやスターウォーズ関連のグッズ、人気アニメのグッズなど、キャラクターの著作権や商標権が発生している商品も注意が必要です。

無在庫輸入を始めたばかりの人は、ここで引っ掛かり、アカウントの停止などになるケースが多いと言えます。なぜ引っ掛かるかというと、商品探しをしている時に、ブランド品やキャラクターグッズは売れそうだ、儲かりそうだと思うことが多く、つい著作権などのことを忘れて出品してしまうことが多いのです。

商品探しをしていく過程で、相場より安く売られているブランド物やそれっぽいものを見つけたとしたら、おそらくその商品はコピー品です。商品名などの欄に有名キャラクターの名前が出ていなくても、写真などからキャラクターものだと判断できるものも、著作権や商標権に引っ掛かる可能性がありますので避けたほうが無難です。アカウントの安全性を考えると、知的財産権が発生するものは基本的にすべて扱わないと決めてしまうのも良いかもしれません。

キャラクター物などを扱って利益が得られることもありますが、アカウントが停止となった場合は復活させるための手間と時間が掛かります。

例えば、アカウント停止の原因として商標権の侵害について申し立てがあった場合は、権利を持つ人に連絡し、申し立ての取り下げをお願いし、申し立ての取り下げに同意したことをAmazonまで連絡してくれるように頼まなければなりません。商品が偽物ではないかと疑われた場合は、真贋を証明する資料として、請求書や注文番号などをAmazonに伝え、出品した商品が知的財産権を侵害していないことを証明する必要があります。

この手続きは相当な手間です。放っておけばアカウントが削除されますし、最悪の場合、売上が入金されず、ゼロ円になることもあります。また、アカウント停止中は販売できません。その間の機会損失を考えると、最初からトラブルのもとになりそうなブランド品やキャラクターグッズは扱わないほうが良いと思います。

出品したら売れるのを待つ

出品作業がひととおり終わったら、あとは売れるのを待つだけです。

ただし、ここで一つ抑えておかなければならないことがあります。それは、セラーとなってから最初の数カ月はほとんど売れないということです。

なぜ売れないかというと、カートが取れないからです。私の経験では、最初にカートを取るまでに3カ月間くらい掛かりました。当時は、新規セラーは最初の3カ月間はカートが取れないことになっていたので、売れない期間もだいたい3カ月間続きました。

現在は、3カ月間カートが取れないというルールは消えていますが、その代わりとして、一定数の注文を受け、商品を売った実績が求められます。

つまり、カートを取っている人より安い価格で出品したり、知り合いに頼んで買ってもらうといった方法により、注文を取る必要があるということです。

無在庫販売のフロー6【仕入れ】

注文が入ったら、商品を仕入れます。AmazonUSで商品を仕入れ、日本に送ってもらい、購入者に送ります。

少し細かく見ると、まず購入者が購入ボタンを押すと、出品者に売上通知が届きます。通知を受けたら、AmazonUSで商品を買い、日本に送ってもらう手続きをします。

この時点で、購入者には出荷通知を出します。実際には無在庫輸入なので、この場合の出荷は自分から購入者への出荷ではなく、AmazonUSの出品者から自分への出荷のことを指します。

ただし、1品だけ輸入すると輸入コストが高くつきますので、売れた商品を米国の転送業者にいったん預け、まとめて送ってもらいます。転送業者の倉庫に保管しておいてもらい、まとまった量になったところで送ってもらうということです。

無在庫輸入を含む小口の物流は、荷物の重さだけでなく、荷物の容積を重さに換算する容積重量という指標を使います。

容積重量は、5000立方センチメートルや6000立方センチメートルを1キログラムに換算するもので、実際の重さと容積重量のうち重い方を使って送料を計算します。

例えば、実際の重さが4キログラムの商品でも、サイズが大きく、6000立方センチメートルを1キログラムで計算して5キログラムになるのであれば、重さが4キログラムだったとしても、送料は5キログラムで計算します。

利益面から見ると、重さがなくても容積が大きい商品は容積重量が適用されやすいため、コストが掛かります。逆に、重さはあっても容積が小さいものは実際の重さが適用されますので、コストが安く収まる傾向があります。例えば、小さくて重さがある時計、パソコンパーツ、アクセサリーなどは輸送コストが安く収まり、利益が取りやすい商品です。反対に、フィギュアは軽くて容積を取るため、よく売れる商品ではあるのですが、利益率は下がります。

売上は約１カ月後に入金

注文を受け、出荷通知を出すと、その時点で売上が立ちます。そのお金はいったんAmazonが預かり、２週間ごとにまとめて登録した銀行口座に振り込まれます。

売上から振り込まれるまでの期間は１カ月から１カ月半くらいを目安にしておくと良いでしょう。１カ月くらいみておけば、すぐにAmazonUSから商品を仕入れたとしても、その分のクレジットカード決済には基本的には間に合います。

以前はAmazonからの振込がもう少し早かったので、その点で見ればキャッシュフローが悪くなっていますが、それでも１カ月から１カ月半で１回転できるならほかの事業と比べると回転率は良いほうだと思います。

スタート時は商品数が少ないため、どの商品がどれくらいの利益を生んだか把握できると思います。利益率や販売数などを見ていくことで、その時々の売れ筋が見えやすくなりますし、よく売れるようであれば、前述したような在庫を持って販売する道を考えることもできるでしょう。

ただ、出品点数が増え、多様な商品が売れるようになってくると、どの商品が儲かるのかが見えづらくなります。なかには輸入コストなどを引いて赤字になるものも出てきますが、そのような商品を把握できず、売れれば売れるほど赤字が出てしまうこともあります。

そのような事態にならないように、収支はしっかり管理するようにしましょう。

無在庫販売のフロー7【荷受け、梱包、出荷】

AmazonUSで仕入れた商品は、ある程度の量になるとまとめて送られてきます。

送られてくる荷物は売れた商品（＝仕入れた商品）が混載されていますので、開梱し、誰が、どの商品を購入したか確認しながら、梱包、発送作業を行います。

商品数が少ないうちは手作業でも対応できると思います。購入者と商品を照らし合わせ、商品を詰め、送付状を貼って送るだけです。

しかし、ここでもやはり量の問題が出てきます。

売れるようになると、一つ50キログラムや１００キログラムという量の荷物が届きます。詰め込まれている商品の数も多くなります。

開梱して、誰の商品か仕分けるだけでも大変ですし、時間が掛かります。自宅が狭い場合、無数の商品が床を埋め尽くしますし、私も最初の頃はゆうパックの送付票を手書きしていましたので、伝票数が多過ぎて腱鞘炎になるかと思ったほどです。

一人で対応しきれなくなってきたら、人を雇いましょう。

開梱と仕分け作業を誰かに任せるだけでも手間や時間は大幅に軽減できます。

周りに手が空いている人がいなければ、荷受けや発送を代行してくれる外注業者を検討するのも良い方法だと思います。

外注業者は複数あり、荷受けのみの業者がいれば、発送のみの業者もいますし、荷受けと発送をすべて引き受けるところなどもあります。

荷受けと発送だけに限りませんが、無在庫輸入を効率よく進めていくためには、できるところから、できる限り外注化していくことが重要です。

自分で行う際の負担が大きいことと、発送先を間違えたり、梱包時に商品を傷つけてしまったりするリスクを考えると、荷受けと発送は最初に外注化する作業の一つといえると思います。

外注業者に依頼する際の注意点として、通常、代行業務は1件あたりいくらと決めて依頼します。そのため、利益が小さいものばかり扱っていると、代行業務のコストがかさみ、赤字になる可能性があります。

また、梱包や発送の請求は割と細かく、通常どおりに梱包して送る場合は問題ないのですが、追加で養生したりテープで補強した場合などに、その分の料金が請求されることもあります。

インターネットで検索すれば代行業者は複数見つかりますので、料金や作業内容などを検討して利益が出やすい業者を選びましょう。

商品が壊れていた時の対処法

商品を発送し、購入者に届けば、一連の輸入取引は完了です。

一つひとつの作業は細かいのですが、外注業者を使って仕組み化していくこともできますので、続けていくうちに流れ作業になりますし、自動化も進むと思います。

ただ、トラブルも起きます。

その代表例と言えるのが、商品の破損です。

商品が破損する可能性があるのは、AmazonUSから仕入れる時と、仕入れた商品を購入者に届ける時です。

まずAmazonUSから仕入れた時の破損は、届いた商品を開梱した時に分かります。破損した商品をそのまま購入者に送ってしまうとクレームの原因になり、アカウントの評価を下げることにつながるので、必ず開梱時に検品するようにしましょう。

輸入時に商品が破損する原因は輸送が荒いからです。

日本に住んでいると宅配業者が荷物を丁寧に扱ってくれるのが当たり前と思ってしまいがちですが、海外は別世界です。故意に乱暴に扱うことはないのでしょうけれど、日本の業者と同じような質は望めず、何件かに1件は商品が壊れます。私の感覚だと、１００個の商品を輸入したら、そのうちの一つか二つは壊れています。

対応方法としてはアメリカの販売者に送り返し、交換してもらうことができます。返品すれば商品代金は戻ってきます。

ただし、その際の送料はこちらで負担することになるケースがほとんどです。そのため、高額な商品と送料が安く軽いものは送料を負担してでも返品したほうが良いのですが、安価なものと重量があるものは返品・返金を諦めたほうが良い場合もあります。分かりやすく言えば、事故のようなものととらえて受け入れるということです。

この場合は不良品が手元に残りますので、オークションサイトなどで売れる可能性があれば、安く売ってしまうのも一つの方法です。売れないようであれば、処分するか、自分で使うしかありません。

購入者への対応としては、AmazonUSにまだ商品がある場合は、追加で時間が掛かることを伝えたうえで、再度、仕入れます。手元にある商品の破損度合いが小さければ、購入者に値引きを提案し、買ってもらえる可能性もあります。

輸入品であることをあらかじめ伝えておく

商品が破損するもう一つのパターンは、手元に届き、検品して問題なかった商品が購入者に届くまでの間に壊れるパターンです。

例えば、梱包する際に傷つけてしまい、気づかずに送ってしまうことがあります。海外ほどではないにしても、国内の輸送中に壊れることもあります。

また、箱入りの商品などは中身の状態が分かりませんので、見た目は問題がなくても中身が壊れている、動かないといったこともあります。

これは初期不良の可能性があり、アメリカから輸入する際に破損した可能性もありますが、購入者に送ってしまった以上、返品対応の責任は自分が持たなければならないでしょう。

いずれの場合も、購入者から返品の要求を受けた場合には返品に応じ、返金することになります。

対応の順番は、まず商品を送り返してもらいます。商品を受け取ったら、購入者が指摘している問題が事実であるか確認し、言うとおりであればきちんと返金します。

私やスクール生を例にすると、返品率はだいたい２％ほどです。

返品率を抑えるための工夫としては、あらかじめ海外からの輸入品だと分かりやすく伝えておくと良いと思います。すると、動かない、使えないといったケースは別ですが、箱などに多少の擦り傷がある程度なら、輸入品だから仕方ないと目をつむってくれる人も増えやすくなります。

箱などが破損し、本体に問題がない場合などは、購入者に値引きを提案し、割引価格で買ってもらうこともできるでしょう。この場合、値引いた分だけを購入者に返金します。

購入者の気持ちとしては、少し傷があるという理由だけで梱包し、返品するのは手間です し、無在庫輸入は、注文してから商品が届くまでに2週間ほど掛かりますので、やっと届いたという気持ちもあります。そのため、値引きの提案を受け入れてくれる人も多いものなのです。

また、箱入り商品の場合は、通関時の検査で開封されるケースが多いため、その点もあらかじめ伝えておいたほうが良いでしょう。購入者が未開封の状態で届くと期待していると、開封した痕跡があったことが原因でクレームになったり返品リクエストになったりするためです。

購入者からの返品リクエストのなかには、商品の破損以外が原因のものもあります。例えば、イメージしていた商品と違った、サイズが違ったといった理由による返品です。また、無在庫輸入は注文してから商品が届くまでの時間が長いため、その間に欲しがっていた熱が冷め、いらないので返品したいという人もいます。

このようなリクエストは、基本的には返品にも値引きにも応じなくて良いと思います。ただし、あらかじめ商品の性能や機能に問題がある場合以外の返品は受け付けられませんと伝えておく必要があります。

ルールを決めておけば対応も簡単

無在庫輸入は流れ作業のように自動化していくのが理想的です。

商品の返品対応はその流れを止めるトラブルですので、避けることはできませんが、できるだけ手早く、こじらせずに対応することが重要です。

そのためには、あらかじめ返品・返金のポリシーを決めておくことが重要です。

実は無在庫輸入をやめてしまう大きな原因の一つが、返品や返金を巡る顧客対応です。スクール生などを見ていても、順調に出品数を増やし、安定的な収益も確保している人が、顧客対応を苦に感じてやめてしまう人が多いのです。

基本的な返品・返金ポリシーとして、まず商品が破損していたり、動かない、注文した商品と違うといった場合は全額返金にします。

一方、イメージと違う、サイズが違う、注文を間違えたなど、購入者側に不備がある場合の返品は、購入者都合なのでお断りします。

個別対応が求められるのは、本体は無事だが箱が壊れている、作動するけれど傷やへこみがあるといった場合です。この対応はそれぞれが決めるところで、私は半額に割引して買ってもらうか、それが難しければ返品・返金に応じることにしています。

重要なのは、対応方法を決めておくことです。決めておけば、その手順どおりに処理できます。返品は決して気持ちが良いものではありませんが、手順に従って淡々と処理できます。

逆に、対応が決まっていないとその都度購入者とやりとりすることになり、それが精神的、時間的、手間的、体力的な負担になります。それを避けるための最も良い手段が、返品はあって当たり前という意識を持ち、対応策を明確にしておくことなのです。

返品・返金ポリシーは、ショップ情報や購入者に送るメールなどに書いておくとよいでしょう。

細かいところまで読んでくれないかもしれませんが、あらかじめポリシーを提示しておくことが予防線になり、クレームを受けたときの盾にもなるのです。

返品を受け付けた商品は、アメリカに返品しない不良品を扱う時と同様に、オークションサイトやリサイクルショップなどで売るか、自分で使う、誰かにあげるか、捨てるかのいずれかの方法で対応します。

傷がほとんど目立たず、機能などにも問題がない場合は、在庫として持っておき、再販することもできます。

無在庫販売のフロー8【フォロー】

すべての作業が終わったら、商品が購入者に届いたあとくらいのタイミングを狙って、お礼のメールを出すのも良いでしょう。

伝えることはシンプルで、利用してもらってありがとうございますというお礼と、届けた商品に問題がないかどうかです。その際に、商品の注文から実際に手に入れるまでの流れのなかで、問題に感じたこと、不便と感じたことなどがなかったか聞けば、そのような意見が改善のアイデアを生むかもしれません。メールでのフォローなどに好感を持ってくれれば、ショップに良い評価を付けてくれることもあるでしょうし、評価が上がるほどカートも取りやすくなるはずです。

さて、ここまでが無在庫輸入の流れです。

フォローのメールまで含めると工数は多く、手間が掛かります。

最初は無在庫輸入の流れをつかむためにも自分でやってみるのが良く、少なくとも商品が売れるようになる3カ月くらい、または最初にカートが取れるくらいまでは手作業で試行錯誤してみると良いと思います。

ただ、商品が売れるようになり、出品数が増えてきたら、外注化を考えましょう。

外注化は、要するに事業の効率化であり、目指すところは自動化です。まったく手を掛けずにお金が入ってくるようにするのは難しいですが、できるところから人に任せましょう。

本書のテーマである雇われない生き方の実現という点でも、自動化は時間的自由を大きくしていくことにつながります。

次章では、外注化の話も含めて、無在庫輸入の拡大、トラブル解決、効率化などについて考えてみます。

第4章

ツール活用、外注化、多店舗展開……ビジネスを拡大してさらに稼ぐテクニック

解決可能な問題もある

無在庫輸入はハードルが低く、すぐに、低リスクでスタートできます。

私やスクール生の実例を踏まえ、雇われない生き方を模索する人には最適な手段だと思いますし、リスクも低く抑えられますし、前章で紹介したとおり手順も簡単です。

ただ、それでもつまずく人はいます。

私が運営するスクールを例にすると、基本的な仕組みをレクチャーしつつ、出品、荷受け、梱包などの外注業者を紹介します。ちょっとした疑問やトラブルなどにも対応し、細かなサポートもできる限りしています。しかし、それでも始めてから3、4カ月くらいまでの間に2割くらいの人がやめてしまいます。

雇われない生き方を目指したはずが、やっぱり雇われたままでいいと諦め、元の世界に戻ってしまうのです。

本心から「雇われていたほうがいい」と思うのであれば、無理に無在庫輸入を続けないほうが良いと思います。人には向き、不向きがあります。無在庫輸入に挑戦してみた結果、自分には合わないと感じることもありますし、合わないと分かることも一つの発見です。

ただ、やめてしまう人のなかには、解決可能な問題が解決できず、やめてしまう人もいます。

本章では、これから無在庫輸入や個人輸入を始める人がつまずきやすい三つの原因と、その解決策を説明します。

〈問題１〉　アカウントの停止と閉鎖

最も初歩的な問題はアカウントの停止と閉鎖です。

前章でも少し触れましたが、アカウントは無在庫輸入や個人輸入・輸出の生命線です。一人一つしか作れませんので、アカウントが閉鎖されたら、個人輸入・輸出で雇われない生き方を実現できる可能性も絶望的になります。

非常に重要なことですので、今一度アカウントについておさらいしておきます。

アカウントは、Amazonから見て何か問題行動があるかもしれないと疑われた時に審査が行われます。審査になる理由は複数ありますが、例えば、新規セラーの場合は、新規であるにもかかわらず大きく売り上げていたり、販売個数が多かったり、評価がたくさんつき過ぎたりすると、Amazonが何か怪しいことが行われているのではないかと考え、審査を行います。セラー経験が長い場合でも、Amazonのポリシーに反する商品を扱っていると疑われたり、購入者からの評価が悪い場合などに審査を行います。

その結果、問題があると判断された時に停止となります。また、その問題が解決されない時と、セラーとしてふさわしくない重要な問題が起きた時に閉鎖されます。

審査と停止は、いわばイエローカードです。指摘された問題などを改善すれば、再び通常の状態に戻ります。

閉鎖はレッドカードで、一度閉鎖されたアカウントは復活しません。つまり、少なくともAmazonにおいては無在庫輸入はもちろん、個人輸入・輸出ができなくなるということです。

では、なぜAmazonはアカウント内での売買を気にするのでしょうか。

Amazonは必要な条件さえ満たしていれば誰でもアカウントを作ることができます。雇われない生き方の手段として最適なのも、物販で稼ぐ場を持つハードルが低いからです。

しかし、これは売り手側には良いことなのですが、買い手側としてはあまり望ましくありません。Amazonを使って商品を買う人は、街中にあるリアル店舗で買うのと同じ環境を求めますので、購入者に不利益を与えるショップがあったり、詐欺行為や、それに近いことをする店主がいては困るわけです。

そこでAmazonがショップやセラーの良し悪しを審査します。Amazon内で商品を売る店にふさわしいかどうか、違法行為や迷惑行為をしていないかなどを確認し、Amazonというプラットフォームの価値を一定水準以上に保とうとしているわけです。

輸出入で雇われない生き方を実現していくうえでも、この点は重要です。

Amazonのセラーになるのは簡単ですが、いい加減なセラーでは稼げません。雇われない生き方を目指す側から見ると輸出入は稼ぐための一つの手段かもしれませんが、買い手はきちんとしたショップと認識しますので、リアル店舗で商品を売るのと同じくらい、あるいはそれ以上の真面目さと真剣さが求められるのです。

この時点で、すでに「なんだ、真面目にやらなきゃいけないのか」とがっかりする人がいるかもしれません。

その場合は、輸出入を始めることを再検討したほうが良いかもしれません。

スクールに問い合わせてくる人のなかにも「適当にやって稼げる」「何もしなくても儲かる」といったイメージを持っている人がいます。

そんなことはありません。そんな生き方ができるなら私が実践したいくらいです。

輸出入代行は、経済的、時間的、人付き合い的な自由を得られる最適な手段ですが、そのためには努力が必要ですし、必要最低限のことはやらなければなりません。

適当にサボりながら稼ぐのであれば、おそらくどこかの会社に雇われたほうが実現できる可能性が高いと思います。

アカウント管理の五つのポイント

アカウントの良し悪しはAmazonが判断します。具体的には、アカウントスペシャリストと呼ばれる部署が判断します。

ここで重要なのは、誰が、どういう基準で、どんなふうに判断しているのかよく分からないということです。

誰が、という点では、何人で判断しているのか分からず、もしかしたら人ではなくＡＩのような機械の可能性もあります。基準についてはセラーセントラルから確認できるアカウントヘルス（アカウントの健全性）などが参照されているはずです。アカウントヘルスは、後述する七つの要素で構成されていますが、それぞれが健全性のスコアにどの程度の影響を与えるのかはよく分かりません。

間違いなく言えることがあるとすれば、アカウントヘルスに関わる七つの要素を、すべて気をつけなければならないということです。

では、各項目について細かく見ておきましょう。

⑴ 注文不良率

購入した商品やセラーの対応などについて購入者から低い評価がついた時に動くスコアです。また、購入者が返品を依頼し、セラーとの話がまとまらなかった場合はAmazonマーケットプレイス保証が申請されます。これも注文不良率に影響し、スコアが悪化します。注文不良率の目標値は１％以内とされています。

⑵ キャンセル率

出品者都合でキャンセルした場合に動くスコアで、目標値は2・5％以下です。１００件注文を受けたとすると、２件までのキャンセルはセーフ、３件になるとアカウント停止のリスクが高くなるということです。

無在庫輸入はこのスコアに注意する必要があります。というのも、商品を販売してから仕入れますので、売れたあとにAmazonUSの商品が売り切れている場合、商品が確保できず、出品者都合でキャンセルすることになる可能性があるからです。また、無事に仕入れられたとしても、輸送途中で紛失したり、届いた商品が破損していて売れない状態になっていることもあります。このような原因によってキャンセルせざるを得ない状態になる場合もありますので、無在庫輸入ではそのリスクをあらかじめ踏まえておく必要があります。

(3) 出荷遅延率

その名のとおり、注文時に約束した出荷が遅れることで、目標値は5%以内です。

この項目も無在庫輸入では注意が必要です。在庫して販売するセラーと違い、無在庫輸入は在庫なしの状態で注文を受けますので、AmazonUSで欠品が出たり、仕入れが遅れたりした場合に出荷が遅れる可能性があります。海外からの輸入はトラブルなどによって遅れることが珍しくありませんので、あらかじめ出荷から商品到着までの時間を余裕を持った設定にしておくか、トラブル等で遅れる可能性があることを購入者に伝えておくなどの対策が必要です。輸入の過程以外の遅延原因として、注文の確認ミスや発送もれなども起きますので、注文、商品、発送の管理をしっかり行うことが重要です。

(4) ポリシーに違反

Amazonのルールを守っているか、また、守れていない点をAmazonから指摘された時に、適切に対応、改善しているかをはかる指標です。

ポリシーに抵触した場合などはAmazonからメールが届きますので、メールは日々確認するようにしましょう。

(5) 回答時間

セラーは、Amazonから改善の指摘などを受けるほか、購入者からもメッセージを受け取ります。このメッセージの確認と対応が重要で、メッセージを受け取ってから24時間以内に返信しなかった場合は回答遅延としてアカウントヘルスが悪化します。このスコアの目標値は10%以下です。

カスタマーレビューにも目を向ける

右記の五つの項目は対策できます。

例えば、自分都合のキャンセルや遅延が発生しないように商品の在庫状況を調べたり、Amazonのポリシーに違反する可能性がある行動に注意することで、アカウントヘルスのスコアが下がるリスクを抑えることができます。

一方、難しいのは購入者のレビュー評価です。レビューもアカウント評価に影響する要素の一つなのですが、仮にキャンセルも遅延もなく、丁寧に対応していたとしても、購入者が不満に感じた場合は低いレビュー評価が付き、アカウントヘルスは悪化してしまいます。

購入者にはいろいろな人がいますし、どうやっても満足しない人もいますので、すべてのお客さまから星五つをもらうのは難しいと思います。また、レビューの評価を付ける人のなかには競合のセラーが混じっている場合もあります。競合の評価を下げることにより、相対的に有利になろうと考える人たちです。

そのため、レビューは大事ではあるのですが、悪い評価を付ける人もいるくらいの感覚を持っておくことが大事です。低評価にいちいち落ち込むのは精神的にもよくありません。
また、レビューを気にし過ぎると、購入者に向けて高く評価してくださいなどと働き掛けたくなります。自分で買ったり知り合いに買ってもらい、星五つを付けようなどと考える人もいます。

このような行為がAmazonに見つかると、故意に評価を操作しているとみなされ、アカウント停止の要因になります。

その点から見ても、評価にこだわり過ぎるのはよくありません。

セラーとしてできることをやる、守らなければならないポリシーを守るといったことに集中しておけば、自ずと評価は上がるか、少なくとも安定するでしょう。

アカウント停止になるリスクが低くなり、レビューが影響する注文不良率も1％以内に自然と収まるようになると思いますし、アカウント評価が高くなれば、カートも獲得しやすくなり、収益も増えていくと思います。

停止になったら改善して復帰

アカウントは、基本的には停止というイエローカードを踏まえ、改善されなかった結果として閉鎖というレッドカードに至ります。

レッドカードになったら終わりです。

また、停止になって放っておくと、一定期間を経てアカウントは閉鎖されます。言い方を変えると、仮にトラブルが起きたとしても、イエローカードが出た時に対処すればアカウントは守れるということです。

では、アカウント停止になったらどうすれば良いのでしょうか。

アカウントが停止になると、この点をこのように直してくださいという指示を受けます。

また、テンプレートを使い、改善計画書を提出することにより、停止状態を解くことになります。

改善計画書の提出は、要するに、どんな対策を講じ、どんなふうにして指摘された問題の再発を防ぐか書くということです。

例えば、商標権や著作権に触れる商品を扱ったことが原因でアカウント停止になった場合は、商品販売時の確認を強化する、知的財産権に関する理解を深める、出品中の商品に同様の可能性があるものがないか確認し、可能性がある商品はすべて出品を取り消すといった内容を書き、Amazonに提出します。

商品が偽物ではないかと疑われている場合は、疑われている商品が本物であることを証明するなどしてAmazonに納得してもらう必要があります。または、販売した商品が偽物である可能性がある場合は、どのような経緯で出品することになったのか、また、同じことを繰り返さないためにどんな対策を取るかを書き、Amazonに納得してもらいます。

改善計画書が一回で承認されるとは限らないため、Amazonから改善計画に対する指摘を受けた場合は、再度計画を出し直すことになります。スクール生の例などを見ていると、Amazonは細かな点をきちんと指摘しますので、1、2回の出し直しでめげず、Amazonと購入者が納得できる計画を立てることが重要です。

面倒くさいやり取りだと感じるかもしれませんが、停止状態から復帰するにはこのハードルを乗り越えなければなりません。

また、客観的な視点から見れば、改善によってショップのレベルや運営状態も良くなっているはずです。より多くの商品を売れるショップとなるためにも、アカウント停止になった原因をすばやく、しっかり改善するようにしましょう。

対策① リスクある商品は避ける

くどいようですが、アカウントは生命線です。雇われない生き方の基盤でもあります。

そのため、まずはアカウントを守ることを第一に考える必要があります。

スクール生たちの場合も、途中でやめてしまう人、諦めてしまう人の8割くらいはアカウントの停止や閉鎖が原因です。

売上が増えないのも厳しいですが、売上を得られる基盤がなくなったらおしまいですし、逆に言えば、基盤さえしっかり管理していれば、売上はそのうち付いてくるようになるものなのです。

では、アカウントを守るためにはどんなことができるのでしょうか。

まずはアカウント停止のリスクにつながるような余計なリスクを取らないことが大事です。

余計なリスクとは、例えば、売れそうだからといって商標権が発生しているものを販売したり、真贋不明なブランド品などを扱うことなどです。

仮に販売している商品が偽物ではないかと指摘された場合、その疑いを晴らすためには本物であることを証明しなければなりません。ところが、無在庫輸入はこの点が難しくなります。なぜなら、在庫がないため、実物によって商品が本物であることを証明することができないのです。そのため、同じ商品を再び買って本物であることを証明したり、保証書などを手に入れて証明することになります。

これは大変な手間ですし、時間も掛かります。目先の利益は得やすいかもしれませんが、トラブルになった時の代償が大きく、リターンとリスクが見合わないと私は思います。

そういう商品は最初から扱わないと決めておくほうがよいでしょう。君子危うきに近寄らず、です。

リスクある商品にこだわらなくても、Amazonには数十億単位の商品がありますので、稼いでくれる商品はほかにいくらでも見つけることができるのです。

対策②　販売数を増やす

アカウントを守るための二つ目の方法は、アカウントヘルスを健康に保つことです。そのためには販売実績を増やすことが重要です。

前述のとおり、購入者にはどうやっても満足しない人がいますし、競合のセラーが低評価を付けることがあります。これは輸出入で食べていく以上、受け入れなければならないリスクで、自分の力でどうにかできることではありません。

ただし、販売実績が増えれば、1、2件の悪い評価が付いても、その影響は小さくなります。販売実績が10件しかない時に低評価が1回付くと注文不良率が10%になります。おそらくAmazonから指摘を受け、アカウント停止になるリスクも非常に高くなります。

しかし、販売実績が100件に増えれば不良率は1%に下がります。1000件に増えればば0・1%です。

つまり、低評価をゼロにするのではなく、普通以上の評価を増やすことにより、低評価が占める割合をゼロに近づけるということです。

これから始める人の場合は、利益の額や率よりも販売実績を増やすことに重点をおき、低評価が付くリスクに備えたほうが良いと思います。販売実績が増えるほど注文不良率が変動しにくくなり、アカウントヘルスも健康な状態で維持しやすくなるのです。

もちろん、実績を増やしていくにしても、適当に対応していくと低評価が増えます。そのため、キャンセル、遅延などに注意する必要がありますし、返品対応なども丁寧に行う必要があります。

アカウントヘルスは常に変わりますので、自分のアカウントが今、どんな状態なのかを定期的に確認することも重要です。

スクール生を見ても、売れている人たちは毎日アカウントの状態を確認しています。朝起きて、顔を洗ったり歯を磨いたりする前に、まずアカウントヘルスを確認するという人もいますし、売上の状況よりアカウントヘルスの状態を気にしている人もいます。

アカウントヘルスには、それくらい神経を使っても良いと思います。

アカウントをしっかり管理し、ルールに則ったショップ運営をしていけば基本的には普通以上の評価が付くでしょう。つまらない結論かもしれませんが、手抜きせず、真面目にコツコツ取り組むことが最も大事で、最も効果がある方法なのです。

〈問題2〉 儲からない

無在庫輸入でつまずく二つ目の原因は、儲からないことです。

儲からないことによって特に苦労するのがスタートして3カ月くらいの期間です。スクールでも、最初の3カ月は売れないことを前提として、4カ月目で月商100万円という目標を目安にしています。

最初の3カ月間が売れない原因は、前章でも少し触れたとおり、新規セラーは一定数の販売実績ができるまでカートを取ることができず、そのための期間としてだいたい3カ月くらいの時間が掛かるからです。

Amazonは、怪しいセラーの参入を防ぐために新規のセラーを警戒します。購入者の不利益になったり、Amazon内で詐欺行為などが行われるのを防ぐために、販売実績がないセラーはカートを取らせてもらえない仕組みになっているのです。

ここは耐えなければなりません。

逆に言えば、一定数の商品が売れれば、カートを取れるようになります。カートを取ることによって売上は大きく伸びますので、そこにこぎつけるための精神力と経済力が求められます。

精神力については、３カ月は売上が出ないと腹をくくって、着々と商品数を増やし、売れるのを待つしかないでしょう。経済力については、３カ月分の生活費を計算し、準備しておく必要があります。

スタートしたばかりの時期でもう一つ注意したいのは、出品できる商品数も制限されるという点です。

これも怪しいセラーを排除するためのAmazon流の施策だと思います。具体的に、どれくらいの期間で何品まで出品できるかはAmazonにしか分かりませんが、１週間に１００品くらいのペースに抑えておかないと、Amazonに疑われ、審査される可能性が高くなります。

審査は、要するにアカウント停止の前段階です。商品数が多いほうが売れる可能性は高くなりますが、いらぬ疑いを持たれないためにも、カートが取れるようになるまではペースを抑えつつ出品していくのが良いと思います。

また、商品が制限されていると、なるべく高額な商品を売り、利益を得たいと思うかもしれません。

しかし、最初は利益より販売実績をつくるほうが優先です。高額商品を出してはいけないわけではありませんが、金額が上がるほど売れにくくなるため、販売実績ができる時期が遠のきます。

そのため、まずは安価で人気のある商品などを中心にしながら、実績重視で出品するようにしましょう。

利益が伸びない三つの要因

カートが取れるようになったら、高額商品も含めながら商品の幅を広げ、出品数も増やします。

そこからは、基本的には商品選びの目利きと出品数に比例して売上も伸びていくのですが、思ったとおりに儲からないという人もいます。

原因はいくつか考えられますが、ここでは代表的な三つの原因と、対策について考えてみます。

一つ目は、出品した商品の仕入れ値が上がり、せっかく売れても利益が出なかったり、仕入れ値と輸入コスト分によって赤字になるケースです。

仕入れ元であるAmazonUSでは、昨日まで10ドルで売られていた商品が今日は20ドルで売られているといったことがよく起きます。

この場合、国内で出品している商品も価格改定しなければなりません。しかし、元の商品の値上げに気づかなかったり、気づいたとしても改定する前に売れてしまうと、タダ働き、あるいは赤字覚悟で売らなければならなくなってしまうのです。

二つ目は、利益率が良い商品を見つけたにもかかわらず、ほかのセラーが相乗りするようになり、価格競争が起きるケースです。価格競争が起きた場合、値下げしなければカートが取れにくくなります。しかし、値下げすれば利益が減ります。

どちらを選んでも収益性は悪くなるため、このジレンマに陥って儲からなくなることがあるのです。

三つ目は、ある程度の売上が取れるようになったところで、収益や利益が頭打ちになるケースです。

適切に出品管理していく場合、個人が出品できる数はだいたい20万品が上限です。なかには１００万品以上出品している猛者もいますが、商品数が増えるほど管理が行き届かなくなるため、商標権などに触れる商品を扱ってしまったり、前述したような仕入れ値の値上げを見逃すといったミスも起きやすくなります。

当然、出品点数に上限があるわけですので、売上額も出品点数に制限されます。扱う商品を変え、利益率が高いものに変えていくこともできますが、それでも一定の出品数に達したら、そこから劇的に売上を伸ばすのは難しいのです。

例えば、スクールでは4カ月目で月商100万円を目標としています。無在庫輸入の利益率は売上の2、3割くらいですので、月商100万円なら月あたりの利益は20万円から30万円くらいです。

この額でも、とりあえず生活していくには十分ですし、副業として考えるなら良い部類に入ると思います。

ただ、限界があります。私やスクール生の実績を踏まえても、一つのショップでの月商は200万円くらいが上限で、そこから先は1店舗で売上を伸ばすのは非常に難しいといえます。

月商200万円だと月あたりの手取りは40万円から60万円くらいですので、経済的に自由になったと喜べるほどは儲かりません。そこで停滞し、思ったより儲からないと思ってやめてしまう人も多いのです。

対策① ツールで価格改定を確認

では、対策を考えてみましょう。

まず一つ目の仕入れ値が上がり、利益ゼロ、またはマイナスで売ってしまうケースです。出品点数が20万点近くになると、出品している商品の価格を手作業で管理するのは現実的に考えて無理です。やろうと思えばエクセルなどを使って一つひとつチェックすることもできるでしょうが、とても非効率ですし、時間が掛かります。

そこで検討したいのがツールの活用です。

Amazonの無在庫輸入には出品から商品の出荷に至るまでさまざまなツールがあり、価格改定を自動でチェックするツールもあります。種類や機能もさまざまで、価格体系も、無料で使えるものと有料のツールがあります。

ツールを使えば、20万品の現時点の価格チェックが約1日で終わります。

雇われない生き方を選んだつもりが、作業に追われて時間的自由を失ったのでは本末転倒ですので、このようなツールは積極的に活用したほうが良いと思います。

そう思うのには、私の実体験もあります。私もスタートした当初は手作業で価格チェックをしていました。当時はエクセルを使い、8万品くらいまでは確認していたのですが、そこで限界だと感じました。

時間的に限界ですし、エクセルで管理しますので、入力する際などに1行ずれたりすると、以下の行の価格がすべておかしくなります。その結果、1万円で売らなければいけない商品を3000円で出品して赤字になったり、3000円で売るつもりの商品を1万円で出品して売れ残ったりします。Amazonの購入者は価格に敏感ですので、1万円の商品を3000円で出品するとどんどん売れます。ずいぶん売れるなと思った時はもう遅く、赤字が積み重なっているのです。

その失敗を機に、私はプログラマーを探し、ツールを開発しようと考えました。時間的にも体力的にも、人為的ミスを防ぐためにも、機械に任せたほうが良いと思ったのです。

ただ、ツールを使ったとしても仕入れ値の値上げが100%察知できるわけではありません。チェックする時間とAmazonUSの出品者が価格を変えるタイミングに差が生じるなどして、漏れてしまうものもあるのです。

この状態でAmazonJPで売れた場合、想定していた利益は得られなくなります。赤字になる可能性もあります。

それを防ぐためには購入者にキャンセルするしかないのですが、私はそれはやめたほうが良いと思います。

なぜなら、これは前述した出品者都合のキャンセルとなるため、アカウントヘルスが悪化し、アカウント停止のリスクが高まってしまうからです。

では、どうすれば良いのかというと、私は赤字を承知のうえで、仕入れ、発送することを勧めます。

売上も大事ですが、それよりもアカウントを止めないことが大事であるという考えに立って、ツールでカバーしきれなかったところは諦めるということです。

個別で見ると赤字は痛いのですが、重要なのは全体で見ることです。いくつかの商品が赤字を生むとしても、ツールである程度まで価格改定がカバーできていれば決して大量にはならないでしょう。その分をほかの商品の利益で埋めて、全体で黒字になれば良いと考えるわけです。

もちろん、そうはいっても赤字の商品は少ないほうが良いため、どの商品が赤字になったのかは定期的に確認する必要があります。また、価格改定をカバーする精度も重要ですので、ツールの良し悪しを検討し、ほかに良いツールがありそうなら乗り換えも視野に入れて収益性を高めていくのが良いと思います。

対策②　常に新しい商品を出品する

儲からない二つ目の原因は価格競争です。

価格競争が起きるのは、誰でも簡単に相乗り出品できるためです。これはメリットでもあり、デメリットともいえるでしょう。

セラーは常に売れそうな商品や利益率が高そうな商品を狙っていますので、仮に自分が儲かる商品を見つけたとしても、すぐに相乗りが発生し、価格競争が起きます。これは無在庫輸入の宿命ともいえる現象で、無在庫輸入をやるからには受け入れなければならないことでもあります。

対策するためにはどうするかというと、方法は二つあると思います。

一つは、価格競争となった商品を諦め、別の商品を探すことです。AmazonUSには数十億単位の商品がありますので、利益率が高く、よく売れる商品はほかにもまだたくさんあるものなのです。

具体的に言えば、商品を増やし、入れ替えるということです。そのためにはリサーチが重要で、売れそうだと見抜く感覚を磨いていくことも重要です。

例えば、テレビや雑誌などを見るだけでもトレンドが分かりますし、それが売れ筋を見抜くヒントになることがあります。ドン・キホーテのような量販店やデパートなどを見て回るのもオススメの方法で、私自身も売れている商品や面白そうな商品を探して回りつつ、輸入品探しのヒントにしています。

さらに役立つのがＳＮＳです。ＳＮＳは雑誌などよりも圧倒的に情報が早いため、価格競争になりそうな商品を探す場合は特に、スピード勝負の情報収集に適しています。

無在庫輸入の本質は商社のような輸入事業ですので、流行りをつかみ、トレンドを生み出すバイヤーのような意識を持つと、売れる商品が見つかりやすくなるだけでなく、無在庫輸入そのものが楽しくなるだろうと思います。

対策③　在庫あり販売で回転率を高める

価格競争のもう一つの対策は、在庫を持つFBA販売です。

無在庫輸入と違い、在庫を持つと在庫リスクが発生します。売れなければ安売りしてさばくことになりますし、売れるまで現金化できませんので、その間、次の仕入れにも影響します。

ただ、在庫するメリットもあります。

まず、当たり前のことですが、手元に在庫がありますので、品切れになりません。無在庫輸入は、売れたあとに仕入れ元であるAmazonUSの商品が売り切れている可能性がありますが、在庫あり販売はその心配がほとんどいらないのです。

また、もう一つ大きなメリットといえるのが、無在庫輸入よりすばやく購入者に届けられることです。

購入者目線で見ると、注文してから2週間待つショップよりも翌日発送されるショップのほうが良いに決まっています。早く届けられるというメリットを持つことで、その商品を欲しがっている人の需要を大きく取れる可能性があるのです。

輸出入でどれくらいの売上を狙うかにもよりますが、売上を伸ばしていきたい人なら在庫あり販売は避けて通れないでしょう。

無在庫輸入は無から有に踏み出すための資金づくりであり、ＦＢＡに進んで、ようやく本格的に事業を展開するようなイメージで取り組むと良いと思います。

では、あらためてＦＢＡがどういうものなのか押さえておきましょう。

ＦＢＡはAmazonが提供しているサービスで、商品の保管、梱包、宛名ラベルの貼り付け、発送などを代行してくれるものです。

商品を保管してくれますので、自分で在庫のスペースを確保する必要がありません。注文があった場合は梱包から発送まで任せますので、そのための時間と手間が削減できます。

また、ＦＢＡを使うと、商品にAmazonプライムのマークが付きます。

前章で説明したように、無在庫輸入を行う場合は、基本的にはプライムマークが付いていない商品から探します。つまり、プライムマークが付く時点で無在庫輸入のセラーを遠ざけることができ、競合を減らすことになるわけです。

購入者側から見た場合にもう一つ利点と言えるのが、クレジットカード以外の方法で買えることです。無在庫輸入はクレジットカード決済に限られますが、Amazonプライムの商品は、代金引換やコンビニ払いなどが使えます。そのため、クレジットカードを持っていない人や使いたくない人も買い手候補となり、購入者の対象が広くなります。セラーから見ると、決済方法が多い分だけ機会損失を防げるということです。

対策④　多店舗展開で利益を増やす

儲からない三つ目の原因は、売上と利益が頭打ちになることです。

前述したとおり、1アカウント、一つのショップで月あたりの利益で40万円から60万円くらいまでは十分に狙えます。ただし、そこでだいたい頭打ちです。

その壁を越える方法の一つは、前ページで紹介したFBA販売の導入です。

利益率が高く、よく売れる商品を見つけたら、その商品を在庫して取扱量を増やすことにより、効率よく稼ぐことができます。

リスクが低い無在庫輸入で売上を増やすのであれば、2店目の開店を考えてみましょう。

一つ目のショップで培った無在庫輸入のノウハウは、そのまま2店目に流用できますので、

1店目で月40万円の利益が出せるようになったのなら、理屈上、2店目を持つことによって利益は2倍にできます。

ただし、Amazonのアカウントは一人一つと決まっています。

このルールに抵触しないための方法としては、まず個人と法人で一つずつアカウントを作ることができます。

おそらく最初は個人で無在庫輸入を始める人がほとんどだと思いますので、売上が安定してきた頃に会社を作り、会社として二つ目のアカウントを作ることができます。

または、自分以外でアカウントを作ってくれる人を探すこともできるでしょう。

例えば、配偶者がいるなら、配偶者がセラーとなることができます。周りに無在庫輸入を始めたいという人がいれば、始め方や進め方などを教えながら、その人のアカウントで、その人と一緒に稼いでいくこともできます。

また、Amazon無在庫輸入はあらゆる作業が外注化でき、その手伝いをするあらゆる業者が存在している業界です。アカウントについても専門業者がいますので、仲介業者から利用可能なアカウントを買うこともできます。

アカウントを買うという行為のイメージが湧きづらいかもしれませんが、簡単に言えば、アカウントという形になっているショップを買うということです。

Amazonのアカウントは健全に維持していくことが重要で、長く存続していること、アカウントヘルスが良好なこと、販売実績が豊富なことなどに価値があります。輸出入代行をやめようと思っている人がそのようなアカウントを持っていた場合に、アカウントを売り出すことがあり、実際、状態が良いアカウントを数十万円で買っている人もいます。

逆の視点で見ると、これから始める人がアカウントの価値を高めていけば、数年後にアカウントを高値で売ることができるかもしれません。始めたばかりの時に出口戦略を考えるのはおかしいかもしれませんが、良質なアカウントは価値があると理解しておくと、よりいっそう、アカウントを大事にしようという気持ちが高まると思います。

カテゴリーを分けてリスク分散

FBAや2店目、3店目の運営を通じて売上や利益を増やしていくことは、結果として雇われない生き方を盤石にすることにもつながります。

売上と利益が増えれば、雇われない生き方が経済的に強くなります。

ＦＢＡと無在庫輸入を両方手掛けていれば、仮に無在庫輸入に関するルールやポリシーが厳しくなったり、競合が増えて無在庫輸入の収益性が低下したとしても、在庫を持つショップとして安定的に稼ぐことができます。

また、２店目、３店目の開店は、一つ目のアカウントが守れなかった時の保険になります。1店目のアカウントが停止や閉鎖になったとしても、あらかじめ別のショップを作っておくことにより、雇われない生き方の基盤は守れます。

そもそもの話として、雇われる生き方がリスクになるのは、会社という一つの組織に収入、生活、人生などをすべて依存しているからでした。

この考え方は雇われない生き方においても重要で、収入源とリスクを分散し、依存度を低くすることが重要です。

スタート時は、無在庫輸入のみ、一つのアカウントのみで仕方ありませんが、徐々に別の方法も取り入れて、依存度を下げることが大切なのです。

例えば私は、自分と会社で作ったアカウントのほかに、無在庫輸入に飽きてしまったスクール生のアカウントの管理を手伝うなどして、運営と販売の代行をしています。

また、ショップの運営スタイルもいくつかのパターンに分けており、例えば、趣味のもののを専門に扱うショップ、高価格帯の商品を多く扱うショップ、安価な日用品を多く扱うショップなどがあります。

これも分散の考えに基づくものです。

ジャンルや価格帯などを絞り込むと、そのカテゴリーが注目されている時は儲かりますが、注目度が下がると売上も下がります。結果として収益が不安定になるため、特徴が異なるショップを作り、「あっちがだめでも、こっちがある」というような状態にしているのです。

ただ、販売する商品のジャンルや価格帯は違いますが、ショップの作り方や運営していく際のポイントなどは変わりません。一度ノウハウを覚えれば、何度も再現でき、簡単に横展開できるのが無在庫輸入と個人輸入の良いところなのです。

対策⑤　輸出で新たな収入源をつくる

収入源とリスクを分散し、なおかつ売上と利益の頭打ち問題も乗り越える方法として、輸出を手掛けることもできます。

輸出は、これまで説明してきた個人輸入のプロセスを逆に考えればよいでしょう。

無在庫輸入を含む個人輸入は、海外で売られているものをAmazonJPで出品し、販売します。個人輸出はその逆で、日本で売られているものをAmazonUSなどに出品し、販売します。基本的には商品が流れる方向が違うだけですので、これまでに紹介した商品リサーチの方法から、出品、仕入れ、荷受け、発送などのノウハウも、無在庫輸入や個人輸入ができる人なら簡単に応用できます。

分散の観点から見ると、例えば輸入市場で競合が増えたり、円安によって輸入で得られる利益が減ったとしても、輸出の収入があれば、アメリカ市場で売れますし、円安で利益が増えます。

売上アップの点では、アメリカは日本の２・５倍の人がいる市場ですので、より多くの商品が売れる可能性が見込めます。

法人を作って輸出入を行う場合はさらに税制面で消費税納付の負担が小さくできるというメリットがあります。

まず消費税のポイントを簡単に押さえておくと、輸入品などを含めて国内で販売した商品には消費税が掛かります。これは個人でも法人でも同じで、年１回消費税額を確定して、納付します。

ただし、新たに設立する会社には免税の制度があり、資本金が1000万円未満であれば1年目の消費税が免税になります。また、資本金1000万円未満という条件を満たしたうえで、1年目上半期の売上が1000万円以下の場合、または、1年目上半期に会社が払う給料が1000万円以下であれば、2年目も免税になります。

売上はコントロールできませんが、給料は自分で決められますので1000万円以下に抑えられる可能性が大きいと思います。

無在庫輸入や個人輸入で法人化する場合、この2年間の免税はぜひ活用したいところです。また、消費税の免税は最大2年間ですので、3年目からは通常の会社と同様に消費税を納めることになります。

一方、輸出品は消費税が免税されます。というのは、消費税は国内で消費されるものが対象であるため、輸出して外国で消費される商品には課税されないのです。これを輸出免税といいます。

また、輸出する場合は国内で商品を仕入れますので、その代金を払う際に消費税を払います。この分も輸出品に関しては免税になりますので、申告することによって還付を受けることができます。

このような仕組みになっていることから、将来的に輸出を始めたり、輸入から輸出に軸足を移していきたいと考えているのであれば、会社設立から3年目が切り替えの良いタイミングとなります。

このタイミングで輸出をスタートすることにより、輸入販売した商品に関しては消費税を納めることになりますが、輸出分は引き続き非課税となり、仕入れに掛かった消費税が戻ってくるからです。

スクール生を見ても、法人設立から2年間で無在庫輸入と個人輸入を軌道に乗せて、そのノウハウを活かして、３年目から輸出に移る人が増えます。

税金は実質的なコストですので、制度として認められている免税や節税の仕組みを積極的に利用し、利益を増やすことが大事です。

輸入も輸出もどちらも十分に稼げる見込みがありますが、性格などの面から見るなら、英語が得意な人や外国人とのコミュニケーションに抵抗がない人はすんなり輸出に乗り換えている印象を受けます。

対策⑥　専業になる

副業で輸出入を手掛けている場合は、専業になることも儲からない問題を解決する方法の一つです。

輸出入の売上は、基本的には時間と努力に比例して伸びます。また、売上が安定してくれば、本業よりも生産性も収益性も良くなります。

この点は会社員の給料の構造を考えてみれば分かりやすいでしょう。

雇われている状態で収入を増やすには、残業して残業代を稼ぐか、仕事を頑張って昇給することくらいしかありません。ただ、その結果として得られる収入は決して多くないはずです。残業するといっても限度がありますし、時給換算するとおそらく数千円増えれば良いほうです。世の中の動きとして残業を減らす方向に動いていますし、世の中の闇として残業してもサービス残業になる実態もあります。

昇給についても、部長や役員クラスまで狙えたり、高度なスキルを活かして転職できるなら良いのですが、ほとんどの人は、頑張っても年収が１００万円くらい増えれば良いといった状態だと思います。

それなら、二つ目のショップを作ったり、輸入と輸出の両輪で稼ぐほうがおそらく売上は増えます。仮に本業で１日８時間働いているのだとしたら、その時間で輸出入の作業をすることにより、売上が増える可能性は十分見込めると思います。

私も最初は副業から始め、会社員時代にもらっていた給料を副業で稼げるようになったところで会社を辞めました。そこから先はほぼ右肩上がりに、しかも割と急角度で収入が増えました。

輸出入に楽しく取り組めることが最低条件ではありますが、売上が増え、さらに増やせる見込みや戦略があり、会社員を続けるより効率良く稼げると判断できるところまできたら、専業セラーとして独立を考えるのが良いと思います。

専業の選択は年収で考える

専業のセラーは非常に魅力的な働き方です。売上が安定し、細かな作業を外注化できる状態になれば、経済的、時間的、人間関係の自由を思い切り堪能することができます。

ただし、リスクが大きい選択でもあります。

副業から専業への乗り換えは人生の大きな決断ですので慎重に検討する必要があります。検討するポイントとしては、まず副業で会社員時代の年収を超えられるかどうか考えてみると良いでしょう。

ここで重要なのは月収ではなく年収で考えることです。私は月収30万円を目安にしましたが、それはリスクある判断でした。なぜなら、単月で30万円稼げたとしても、翌月も同じように稼げる保証はないからです。

そのため、これから独立を考える人は、年収で考えることをお勧めします。月30万円を目安とするなら、年３６０万円という水準をコンスタントに超えられるかどうか考えるということです。

難しいかな、厳しいかなと感じるのであれば、もう少し副業として続け、売上や利益が増えるのを待つのも一つの手だと思います。

また、副業として取り組んでいると、時間のやりくりがきつくなり、それがきっかけで専業を考える人も多いと思います。

確かに、二足のわらじは大変です。輸出入を頑張りたいという気持ちが強ければ強いほど、作業時間が十分に取れないことに苛立つだろうと思います。

しかし、その場合もやはり安定的な収入が得られるかどうか検討するのが先だと思います。現状として副業の収入が少なければ、仮に時間を十分に取ったとしても売上は伸びません。

１日２時間の副業で数千円しか稼げない人が、１日８時間掛けられるようになったとしても、おそらく必要な生活費は稼げないのです。

現状として成果が出ていないのであれば、その原因は時間ではなく、やり方にあります。専業になることを考える前に、副業の状態できちんと稼げるようになる方法を考える必要があります。

よほどブラックな環境にいる場合は別ですが、会社はいつでも辞めることができます。短時間で安定的に稼げるようになってからでも、決して遅くはないのです。

〈問題３〉　飽きる

無在庫輸入でつまずく三つ目の原因は、飽きることです。

無在庫輸入はシンプルな仕組みです。ツールを使えばさらに簡単になります。

だからこそ誰にでも簡単にできるのですが、簡単過ぎて飽きてしまう人もいますし、単調な作業に飽き、つまらないと感じてやめてしまう人もいるのです。

飽きは感覚の話ですので、飽きる人がいれば、飽きない人もいます。

スクール生を例にすると、新しいもの好きの人、海外が好きな人、物販や物流に興味がある人、複雑な仕事が嫌いな人などは、飽きずに続けているように感じます。

一方、同じことの繰り返しが嫌な人はすぐに飽きます。商品が届かない、壊れていたなどのクレームを受けることもありますので、顧客対応が苦手な人も苦痛に感じやすいといえます。

私は後者のタイプで、すぐに飽きました。最初は海外にしか売っていない珍しい商品一つひとつに興味がありましたし、こんなものがあるんだと驚いたり、日本で売れるかもしれないなどと想像してワクワクしていました。ただ、驚きやワクワクも飽きとともに薄れるため、無在庫輸入、FBA販売、個人輸出などを軌道に乗せ、雇われない生き方を実現した喜びを感じる一方、これはこれでつまらないなと思うようになったのです。

この問題を解決する最も簡単な方法は、外注化とツールの導入だと思います。

すでに何度か触れたとおり、無在庫輸入や個人の輸出入はさまざまな業者がいますので、つまらない、飽きたと感じている作業を任せてしまえば、単調な作業に苦痛を感じることがなくなります。

例えば、輸入した商品の梱包や発送は外注化しやすい作業だと思います。

前述したAmazonUSの価格改定チェックも時間と手間が掛かりますし、出品数が増えると現実的に自分の手だけでは足りなくなりますので、これはツールを導入して解決するのが良いでしょう。

特に副業で行う場合は、すべての作業を自分でこなすのはほとんど不可能です。業者やツールを使うことを前提として副業としてスタートする計画を考えるのが良いでしょう。

対策①　外注化

無在庫輸入と個人の輸出入はあらゆる作業を外注化できますので、究極的にはすべての作業を外注し、何も手を掛けずに事業が回るようにすることもできます。

その際に重要なのは、外注化しやすい作業内容の振り分けと、外注化していく順番です。

作業内容の振り分けについては、外注化の優先順位が高い順に、自分にはできない作業、自分じゃなくてもできる作業、自分にしかできない作業の三つで考えると分かりやすいと思います。

まず自分ではできない作業は、法律関係の処理、ツールの作成、プログラミング、英語対応などが挙げられるでしょう。これは外注化の優先順位が高い作業です。なぜなら、自分でやるとミスが起きる可能性があり、時間も掛かるからです。

自分じゃなくてもできる作業は、商品のリサーチ、出品、発注、梱包、発送、顧客対応などです。これらは、自分でやってもいいのですが、マニュアルなどを作ればすぐに人に任せられます。これらは外注化の優先順位はそれほど高くありませんが、外注化しやすい作業で、誰がやっても差が出にくく、ミスも起きにくいと思います。

最後が自分にしかできない作業です。この作業には、ショップ運営の方針を考えたり、次の展開を考えるといった経営や戦略と紐づく作業が含まれます。この作業は自分でやらなければなりませんので、最後の最後まで自分で取り組む必要があります。

また、輸出入を事業として伸ばしていくためには、運営、経営、戦略などについて考えることが重要ですので、先に挙げた二つをできる限り外注化し、自分にしかできないことに十分な時間を使えるようにすることが重要です。

英語のメッセージを翻訳したり、出品や梱包に手間を取られていると、肝心のショップ運営について考える時間が取れません。最初のうちは仕方ありませんが、発注、出品、顧客対応をこなすだけで1日はあっという間に終わってしまいます。

その状態から抜け出すためにも、作業で手一杯になってきたら積極的に外注化を考えましょう。外注コストは掛かりますが、ショップ運営が効率化されることで、結果として売上が伸びていくことも多いのです。

ちなみに、私はあらゆる作業を外注化していますが、誰かを雇用するスタイルは取っていません。雇われない生き方を提唱しているため、私自身も誰かを雇うことはしません。外注する際も、単純作業をアルバイトにお願いすることはありますが、ビジネスパートナーとして一緒に取り組んでいくことを基本にしています。

売れ筋を見る機会を残す

輸出入の作業のなかで、商品の買い付けと収支計算は自分でやったほうが良いと思います。商品の買い付けは、作業量などを考えると、最終的には外注化したい作業の一つです。

ただ、買い付けるためにはクレジットカードが必要になりますので、スタート当初はカードを第三者に渡すという点で心理的、セキュリティ的な不安があります。

また、荷受けや発送の外注化を進めていくほど、自分がどんな商品を売って、どの商品が利益を生んでいるか分からなくなります。売れる商品を見つける目も鈍ります。

それを避けるために、買い付け作業は残したほうが良いと思います。

買い付けを通じて何が売れたか把握できれば、在庫を持って売ったほうが良い商品を選ぶことができます。「今ならこの商品が売れる」「この商品が売れているので似た商品を探そう」といった戦略も立てられますし、それが利益を伸ばすことにもつながります。

売れ筋を見て出品戦略を考えるサイクルができてきたら外注化を検討してみましょう。

買い付け作業にも専門的に受託している業者がいますし、個人やＳＯＨＯで買い付けを行っている人もいます。そのような人のなかで信頼できる人を見つけて、徐々に外注化を進めていくのが良いと思います。

キャッシュフローを管理

収支管理については、決算書の作成などは会計士に依頼できます。むしろ、レシートや領収書の管理、クレジットカードの明細チェック、預金通帳の確認など事務作業は、輸出入の作業を効率化するために任せたほうが良いと思います。

一方、自分でやったほうが良いと思うのは、月々のキャッシュフローの管理です。

輸出入代行は基本的にはキャッシュフローが良いのですが、そうはいってもどんぶり勘定をしていると買い付け資金が不足することがあります。輸出入は買い付けてナンボの仕事ですから、資金がなくなれば利益も得られません。

また、物販だけであれば、売値、仕入れ値、経費を計算して利益が見えてきますが、在庫がある場合はそのせいでキャッシュフローが悪化することがあります。

また、意外と細かいのが経費で、税金、送料、梱包用資材などのほかに、在庫管理のスペースなどを借りている場合は家賃や光熱費を含めなければなりません。パソコンを買い替えたり、備品を追加することもあるでしょうし、資料を買ったり、勉強会に参加するための費用、月々の生活費なども管理しなければなりません。

送料などは、商品を販売してからしばらく経ってから引き落とされるため、どの商品に、どれくらいのコストが掛かっているのか把握しづらくなります。販売が先、仕入れがあとという順番になっている無在庫輸入は、出入金の流れがさらに分かりづらく、仕入れるための資金不足などが発生することもあります。

このように複雑化している状態を放置しておくことで、気づいたら入金が支出を上回っていたり、クレジットカードの決済ができなくなるといったことになります。そのうえで、アカウント停止などの状態になると、入金が止まるため、さらにパニックになるでしょう。

スクール生のなかにも、キャッシュフローが悪化して資金が足りなくなったり、収支管理を外注化した結果、赤字を生んでいる商品が放置され、利益が伸び悩んだ人がいます。

そのようなミスを避けるために、少なくともキャッシュフローは自分でしっかり管理し、資金不足を警戒しておくことが大事です。

また、赤字を生んでいる商品はツールである程度排除できますが、売れている商品を見つけ出すためには自分で収支の内訳を見る必要があります。

それもFBAを含む今後の展開を考えるヒントになりますし、月々の売上が減っていないか、伸びているか、伸びていない場合は、伸ばすためにどんなことができるかなど、次の展開を考えることにもつながっていきます。

対策②　戦略立案に注力する

さらに経営意識を持って取り組んでいくのであれば、戦略と目標も明確にするとよいと思います。

戦略は、例えばスタート時であれば、どんなジャンルの商品を扱うか、どんな人をターゲットにするかなどを決めることです。

最終的に20万品まで増やすと、必然的に取り扱う商品のカテゴリーは広くなるでしょう。

ただ、どのセラーも扱っている商品には偏りがあるものです。車やバイク関連のセラー、家電のセラー、インテリアのセラーなどがいて、そのような専門性を持つことにより、そのカテゴリーでカートを取りやすくなる傾向も見られます。

もちろん、スタート時に自分の専門性を決める必要はありません。第2章で触れたとおり、スモールスタートできるのが個人輸出入の特徴の一つだからです。

最初は家電を中心にしようと思っていても、想像していたより競合が多くて難しいと感じるかもしれません。フィギュアが売れると分かっても、輸入コストが掛かってイマイチ儲からないと感じることもあります。

そのような試行錯誤を走りながら決め、やりながら変えていけるのがスモールスタートの良いところです。Amazonのツールにはカテゴリーごとの売上を分析できるものもありますので、そういったツールを使いながら売れやすいカテゴリーなどを絞り、伸ばしていくのも良いと思います。また、カテゴリーによっては不良品が出やすいものがあり、例えば、パソコンのパーツなどは製造が終わっている、型番が変わっているといったことが原因で返品に至ることがあります。そのような点も踏まえながら自分にとって扱いやすいカテゴリーを探していくことが大事です。

むしろ、先に「フィギュアだけ売る」「パソコンパーツだけに絞る」と決めてしまうのはナンセンスです。変えることが重要ですし、変えなければ改善も成長もしません。

目標については、出品点数20万点、月商100万円から200万円を4カ月目くらいで達成することを一つの目安にしてみると良いと思います。これはスクール生が達成できていますので、４カ月以内にやめてしまった人を除いて、３割くらいのスクール生が達成できていますので、決して非現実的な目標ではないと思います。

ただ、これも戦略と同じところがあり、必ずしも４カ月で目標達成しなければならないというわけではありません。専業と副業では使える時間の量が違いますし、カートが取れるようになるまでの条件はAmazonしか知らないブラックボックスの部分があるため、早いほうが良いのは確かですが、５カ月、半年、それ以上掛かっても、いずれ達成できるので大丈夫、くらいの気持ちで取り組むことが大事だと思います。

安価な商品でリスク分散

経営目線でみると、もう一つ重要なのが資金の管理です。というのは、在庫の有無を問わず、輸出入は仕入れができなければ売れませんので、そのための資金を常に手元に用意しておく必要があるからです。

仮に月商１００万円で回していくとすると、どんな商品を扱うかにもよりますが、１日にだいたい4、5個くらいの商品が売れます。仕入れ額を売値の半分とすると、50万円くらいになりますので、クレジットカード1枚で収まるくらいの金額です。

このくらいの金額はカード決済時に引き落とされると想定して、手元に置いておく必要があります。売上規模が大きくなったり、2店目を持ったりするとお金の出入りが激しくなりますが、仕入れる資金が足りなくなるリスクを抑えるためには、売上総額の40％くらいは最低でも手元に持っておくと良いと思います。

また、少額資金でスタートする場合は、安価な商品から始めて、返品リスクを抑えることも重要です。

輸入品はすべて輸送途中に破損する可能性があり、安く売ったり、売れずに処分することがあります。

そのため、高額な商品ばかり仕入れると、その商品が破損などによって売れなくなった時の損失も大きくなり、資金が急速に目減りします。

一方、安価な商品であれば売れなくなった時の金額的なダメージが小さくなります。

100ドルの時計を一つ仕入れ、破損して売れなくなった時のダメージは100ドルですが、10ドルの小物なら同じ予算で10個仕入れられます。そのうちの一つか二つ破損していたとしても20ドルくらいのダメージで収まりますし、無事に届いた残りの商品で利益が取れますので、その分で損失をカバーできます。

これも分散の話と通じます。高額商品のほうが効率よく儲かるのは事実ですが、スタート時は特にリスク管理を重視して、商品の数と価格設定でリスクを分散するようにしましょう。

対策③　次の展開を考える

飽きの対策として、無在庫輸入や個人の輸出入の次の展開を考えることができるでしょう。

無在庫輸入や個人の輸出入は、雇われない生き方を実現するための最適な手段であると同時に、その次の展開が広げられるという点から見て、雇われない生き方の質を高めていく第一歩ともいえます。

無在庫輸入のスタートが雇われない生き方の一歩目、その結果として手に入る経済的、時間的、人づき合いの自由を使って、自分がやりたいことを実現するのが二歩目です。

特に重要なのが時間的自由だと私は思います。

外注化やツールの導入を進めていくと、作業を任せる分だけ収入が少なくなりますが、その対価として自由に使える時間が増えます。

この時間を確保できると、自分がどんなふうに生き、何をしたいのかをじっくり考えることができます。

振り返ってみると、雇われている時はこの時間が圧倒的に不足していました。日々の仕事が山積していたため、自分が何をしたいのか、何をつまらないと感じているのかといったことすらきちんと考えることができなかったのです。

さて、二歩目としてどんなことをやるかは人それぞれです。

スクール生を例にすると、中国や欧州との輸出入を始める人もいますし、Amazonの代わりにヤフーやイーベイなどを使う輸出入を始める人もいます。

さらに深く踏み込んでいる例として、FBA販売の知見を活かし、現地のメーカーから直接仕入れて売る事業を始めた人や、そのような商品を自分で作ったネットショップで販売する人もいます。売れる商品を見つけてきた目利き力やトレンドを察知する力を発揮し、商社や輸出入を手掛ける中小企業向けのコンサルティングをしている人もいますし、自分で商品開発し、Amazonや自社のウェブサイトで売っている人もいます。

このような例からも分かるとおり、無在庫輸入や輸出入を通じて身に付く知見は、汎用的で、応用が利きます。

輸出入代行で安定的に稼げるようになれば、その時点で、輸入、輸出、物流、税金などについての基礎的なことが分かるようになっているため、その知識、経験、ノウハウを活かし、自分が楽しめそうな新しい展開を考えることもできるようになるのです。

やりたいことをやってみよう

次の展開を考える際の参考情報として、本章の最後に私がどんなことを考えたか説明したいと思います。

私はまず無在庫輸入に取り組む人が便利に使えるサービスをつくろうと考えました。

無在庫輸入を進めていく過程には面倒くさいと感じる作業がいくつもありました。周りを見ていると、面倒な作業に飽きてしまい、やめてしまう人もいます。

例えば、出品作業は手間が掛かりますし梱包と発送は時間が掛かります。

そういった作業を誰かが代行してくれれば良いのにと思ったのですが、当時は代行業者がありませんでした。もしかしたらあったのかもしれませんが、見つけづらく、使えなかったのです。

それなら自分で代行する会社を作ろうと考えたのが、私にとっての二歩目です。

それができたのは、無在庫輸入を通じて学んだ経験などがあったことと、無在庫輸入に取り組んでいる人たちと知り合い、一緒にサービスをつくる人が見つかったからです。

サービスを提供していく過程では人を雇ったりアルバイトの人に手伝ってもらったりしていますので、雇用を生むことによって多少なりとも経済的な貢献もしていると感じますし、今後の展開として、例えば、梱包や商品ページの作成といった単純作業に近いものを引き受けていくことにより、高齢者や障害を持つ人なども巻き込みながら、仕事を生み、小さな経済圏をつくっていけるのではないかと思っています。

また、無在庫輸入が副業にも独立にも最適な手段だと気づいたため、かつての自分のように会社員生活に限界を感じている人をサポートするサービスもつくりたいと思いました。それが今のスクールの原型です。

サポート内容は、無在庫輸入でつまずきやすいポイントや失敗を防ぐコツなどを教えることから始まり、その後、手こずっているスクール生に直接指導したりスカイプで教えるなどの個別サービスを充実させていきました。結果、スクールは単にノウハウを学ぶ場としてだけでなく、無在庫輸入や輸出入に取り組む人のコミュニケーションの場としても機能するようになり、雇われない生き方を実現する人もたくさん誕生するようになったのです。

自分が何をしたいか考え、その道を切り拓いていくのは楽しいことです。

指示されたことをやり、やらなければいけない仕事に追いかけられる人生とは違い、やりたいことをやり、やりたくないことをやらないのが雇われない生き方の本質なのだと思います。

その時がいずれ必ずやってくると信じて、まずは本章で紹介したつまずきやすいポイントを押さえて、安定的に稼げる状態にこぎつけてほしいと思います。

終章

「雇われない生き方」に
踏み出せば
人生は4カ月で激変する

やらなければ何も得られない

残念ながら、何もせずに儲かることはありません。

楽に稼げるかもしれない仕事や不労所得が得られる方法はいくつもありますが、例えば、不動産投資なら不動産を買うお金を準備する必要がありますし、収益性が見込める不動産を選ぶ目を養う必要もあります。株を選ぶのもＦＸで売買するのも同じです。

何かするから儲かるのであって、何もしなければ儲からないのです。

突き詰めれば、やるかやらないかの問題だと思います。

本書のテーマである雇われない生き方は「雇われない」であり「何もしない」ではありません。

また、雇われない生き方を実現するための最適手段として紹介した輸出入代行の仕事は、ノウハウがシンプルですぐにできる、ツールを使って楽にできる、外注化や仕組み化しやすいため作業を効率化し、手離れできるという特徴があります。あらゆる業種を見渡しても、ここまでパッケージ化されている方法はほかにないと思います。

優れた方法は目の前にあります。

手を付ければ高確率で雇われない生き方を実現できます。

スクール生の実例として、スタートから4カ月目に月商100万円、手取り30万円くらいまでは十分に狙えます。初年度で年商1000万円弱（手取り300万円前後）、2年目で年商2000万円（手取り600万円前後）は現実的な数字ですし、初年度で年商2000万円を超えたスクール生もいます。しかも、そのような収益性のある仕組みを、雇われない状態でつくり出すことができます。

それでもなお「やらない」という選択をするのであれば、それもやはり、やるかどうかというマインドの問題なのです。

行動力を生む二つの要素

では「やろう」「やってみよう」と考えるには何が必要なのでしょうか。

私は、行動力が重要だと思っています。

行動力は、最初の一歩を踏み出す力です。まずはやってみようという意識、やるからにはうまくやろうという熱意、どうやったらうまくできるだろうかと考える向上心がある人ほど一歩目を踏み出しやすくなります。

とはいえ、行動力は高めようと思ってすぐに高まるものではありません。私も性根は怠け者の気質がありますので、何もしなくて良いならビーチかソファでぼーっと寝転がっていますす。

ただ、そんな気質の人でも「やろう」と思う時があります。それは、やらなきゃまずいという危機感が高まった時と、やってみた先にある未来にワクワクした時です。

ビーチで寝転がっている時に高波が襲ってきたら、いくら寝転がっているのが好きでも、まずいと思って立ち上がるでしょう。

人生でもそういう危機を認識する時があります。かつて私が「このまま雇われていてはまずい」と思ったのも危機感ですし、雇われない人生への挑戦や輸出入代行のキャリアがスタートしたのもそこからです。「まずい」が「やろう」になったのです。

ほかにも、老後の生活費は大丈夫だろうか、会社が潰れたらどうしよう、クビになったらどうなるのだろう、病気になったらどうしよう、自分の人生はこのままでいいのだろうかなど、危機感を生むものはいくつもあるはずです。

今、怖いと感じているものはなんでしょうか。その恐怖と正面から向き合ってみてください。

目を逸らすのは簡単ですが、一時的に恐怖感が薄れるだけで、恐怖を生んでいる本質は消えませんし、着実に近づいてきます。恐怖を生む根源を断つには「やろう」と決意して行動するしかないのです。

今の生活に特に危機感がないのであれば、理想的な未来を想像してみるとよいと思います。理想が現実になったらどんな気分でしょうか。

幸せに暮らしている自分の姿を具体的に想像するほど、実現したいという気持ちが高まり、何かやろう、できることから始めてみようという行動につながりやすくなります。

スクール生のなかには、なんとなく稼ぎたい、楽して儲けたいといった考えを持っている人もいますが、イメージが漠然としているため、なかなか行動できません。

重要なのは具体的に想像することだと思います。例えば、今の生活と理想的な生活がどんなふうに違うのか考えてみます。違いが分かれば、その差を埋めるために何が必要なのかも見えてくるでしょう。月あたりの収入があと10万円あれば差を埋められる、5万円あれば理想に近づけるなどと分かってきます。つまり、目標が自然とできるのです。

目標が見えると、達成したいという気持ちも高まります。達成したいのであれば、一歩目を踏み出すしかないのです。

継続することで道が開ける

一歩目を踏み出したら、次は二歩目です。

いくら輸出入代行の仕組みがシンプルだとしても、やってみようという意識だけで成功することはできません。

そこで必要になるのが、継続力です。

継続力は、失敗を怖れず、挑戦を繰り返す力です。成功するための方法を学び続ける姿勢と、成功するまで諦めない粘り強さがある人はだいたい成功します。

つまり、前述した行動力が入り口をつくり、継続力が道をつくるということです。

逆にいうと、行動しない、継続できないの二つの「ない」がそろってしまうと、どんなに良いノウハウを得たとしても、活かすことができず、1円も儲からず、雇われる人生というレールからは永遠に抜け出せないのです。

スクール生を見ていても、最初に「やろう」「やってみよう」というマインドを持つところでつまずき、次に、続ける、諦めないという点でつまずく人がたくさんいます。

輸出入代行という仕事を知り、スクールに入ってくる時点で、まずはそれなりに「やろう」という気持ちを持っています。

ただ、ざっくりとした数字ですが、そのうちの2割の人が入会してすぐにやめてしまいます。

なぜやめてしまうかというと「入会した」という行為に満足してしまい、直前まで高まっていたやる気や意欲が一気に失せてしまうからです。

これはノウハウコレクター（ビジネスモデルや事業成功のノウハウを聞くのが好きな人）によくあるパターンです。

私もノウハウコレクター気質で、かつては高い教材を買ったりセミナーをはしごして回ったことがありました。しかし、教材を買う決済のボタンを押す時がやる気のピークで、まだ1ページも教材を開いていないのですが、教材を買ったことで勉強した気になってしまいます。そこで満足感に浸ってしまい、次のノウハウに目が向いてしまうのです。

感覚的には、スポーツクラブに入会し、全然通わない人や、料理道具をそろえて、全然料理しない人と似ているかもしれません。

ノウハウコレクターが悪いわけではありませんが、入会してすぐにやめるのであれば、それは実質的には「やらない」のと同じです。成果を出すためには次の一歩を踏み出さなければならないのです。

残りの8割の人はその一歩を踏み出します。ただ、カードを取ったり、安定的に売れるようになるまで待てず、ここでも2割くらいの人がやめてしまいます。

また、初期の頃は収益に波がありますので、順調に稼げる月があれば、全然売れない月もあります。規約に触れる商品を扱ってしまい、アカウントが審査対象になったり、停止になることもあります。

このような困難により、さらに2割の人がやめてしまいます。

ここまで生き残れば輸出入代行のノウハウがひととおり身につきます。ただ、前章で触れた「儲からない」「飽きる」といった問題により、やはり2割くらいの人がやめてしまい、残り2割のスクール生のうち、1割の人が資金管理がうまくできずにやめてしまうか、ほかにもっと良い方法を見つけるなどしてやめてしまいます。

資金管理がうまくいかないというのは、無在庫輸入そのものはうまく回り、売上も安定的に確保できているのですが、入金と出金のタイムラグが把握できていないことなどが原因で、クレジットカードの決済でトラブルが起きたり、出入金の管理が面倒くさくなってやめてしまうといったことです。

このような流れを経て、資金管理面まで含めてきちんと事業として回していける人はスクールに入会した人の1割まで減り、ほとんどの人が雇われる生き方に戻ってしまうのです。

9割以上が成功できる

スクール生の1割しか残らないというと厳しい世界なのだと思うかもしれません。しかし、そんなことはありません。10割から1割に減っていく過程を逆に考えてみてください。

まず、資金不足が原因でやめてしまう人は1割もいません。資金不足が問題になるのは輸出入代行である程度稼げるようになってからです。大半の人は、その前段階でやめているのです。

では、その「大半の人」にならないようにするにはどうしたら良いかというと、まず「儲からない」「飽きる」といった問題を乗り越えて、継続することが大事です。

その方法は前章で説明しましたので、おそらく無事に乗り越えられると思います。それができれば、生き残る確率は4割まで上がります。

また、カートを取る、アカウント停止を避けるといったことも壁になりますが、その方法も説明しましたから、無事に乗り越えられるでしょう。

その方法を実践していけば生き残る確率は8割です。ノウハウコレクターで終わらず、一歩目を踏み出すことができれば生存率は10割になりますし、不慮のトラブルで資金不足になるかもしれない可能性を引いても、9割の確率で生き残ります。

石橋を叩いて渡るタイプの人でも、成功する確率が9割以上あるなら安心して取り組めるでしょう。

行動力と継続力がある人はほぼ成功しますし、行動力と継続力を高めればほとんどの人が成功できるのです。

心理的負担を軽くする

再度、スクール生がやめてしまう原因を振り返ると「やろう」「やってみよう」の行動力の部分でやめてしまう人が2割ほどであるのに対し、継続力が足りずにやめてしまう人は7割ほどいます。

これが何を表しているかというと、スタートすることよりも、スタートしてから続けることのほうが難しいということです。

継続は力なりという言葉のとおり、成功するためには継続しなければなりません。

では、なぜ続かないのでしょうか。

具体的な理由としては、前章まで触れたアカウントの問題や儲からない問題などがあります。ただし、これらはノウハウによって解決できます。

一方にはマインドの問題もあると思います。つまり「継続すること」と「諦めること」を天秤にかけた結果、心理的な負荷によって諦めることのほうが勝ってしまっているということです。

諦めたくなってしまう心理的な負荷には、例えば、忙しい、面倒くさい、現状維持で良いといったことが挙げられるでしょう。天秤のバランスを変えるには、このような負荷を取り除く必要があります。

ただ、これも突き詰めればマインドの話ですので、ノウハウで解決するのは難しく、考え方や見方を変えていくしかありません。どうすれば考え方や見方が変わるかというと、成果が出るようになり「続けていてよかった」という実感を伴いながら、自然とマインドが変わっていくのを待つしかないのです。

例えば、現状として、忙しい、寝たい、休みたいという気持ちが強かったとしても、成果が出るようになると、忙しくてももっとやりたい、寝る時間を惜しんでもやりたい、休むのはもったいないという気持ちに変わっていきます。

私自身がそうでしたし、成功しているスクール生も同じです。副業で1日2時間使い、面倒くさいのでやめようかなと考えていた人が、成果が出ることによってマインドが変わり、時間を工面して1日4時間、5時間取り組むように変わっていきます。結果、諦めたいという気持ちを生んでいた負荷が徐々に軽くなっていきます。

また、天秤のバランスを変えるには、諦めたい気持ちを生んでいる負荷を取り除くほかに、継続したいと思う要素を増やしていくこともできます。

そのために有効なのは、成果を実感することと刺激を受けることです。

例えば、スタート時と現在の売上や販売個数を比べてみれば、着実に成果が伸びているはずです。その事実を確認することにより「もう少し続けよう」「もうちょっと頑張ろう」という気持ちも高まりやすくなります。

刺激については、例えば、楽しく取り組んでいるセラーと話したり、売上アップのノウハウを学ぶセミナーなどに参加してみることができるでしょう。

人は周りにいる人の影響を受けます。常にマイナスに考え、愚痴をこぼしている人の近くにいるとやる気がどんどん損なわれますが、楽しそうにしている人や頑張っている人の近くにいると、自分も楽しく生きたい、もっと頑張ろうという気持ちになります。そのような気持ちになれる環境に身を置くことも続ける意欲を生むと思います。

人と会ったりセミナーに参加するのは面倒くさいと感じているのであれば、ちょっとだけでよいのでセラー、物流、経営などについて勉強する時間を作ってみると良いと思います。

まずは1日1時間の勉強時間で十分です。いきなり何時間も勉強しようとしても続きませんし、それがかえって重荷になり、諦めようという気持ちが強くなってしまうこともあります。

1時間が長ければ30分でもよいですし、寝る前の10分だけでもよいと思います。短時間でも得ることはあるでしょうし、何よりも以前より勉強時間を増やしたという小さな進歩が「あと30分やってみよう」といった気持ちを生み、継続力を高めるのです。

ノウハウコレクターも学びの一種

継続するための原動力となるのは学ぶことだと思います。

学びは最強の投資です。お金や時間は奪われたり失ったりしますが、学んだことはずっと残ります。

その点から見ると、ノウハウコレクターであることも継続の要素の一つです。

学んだノウハウをいずれ実行することが大前提ではありますが、セラー、経営、投資などのノウハウを学び、実践してみたい思うことが、輸出入を楽しみ、長続きさせることにつながるからです。

私も自分がノウハウコレクターであると自覚していますし、それ自体が悪いことだとは思っていません。

今も興味あるセミナーなどを見つけたらすぐに申し込みますし、とても興味があれば高額でも参加する現役のノウハウコレクターでもあります。

セミナーなどへの参加は一種の買い物です。というのも、先人が経験したことやノウハウとしてまとめたことを買うことと同じだからです。

自分であらゆることを経験するのが理想的ではありますが、現実的に考えてそれは不可能です。そのため、効率重視で経験やノウハウを買うことも大事だと思いますし、学んだことを活かせる仕事と、実践しようという意識さえきちんと持っていれば、セミナーで学んだ（買った）ノウハウが売上アップなどにつながることもあるでしょう。

そこまでいけば、セミナーなどへの参加は単なる買い物ではなく投資になります。

輸出入代行の仕事が仕入れと販売を繰り返すことによって継続していくように、ノウハウについても学びと実践の繰り返しが大事なのです。

想定済みの失敗は失敗ではない

継続力を高めるもう一つの要素として、挑戦と失敗も大事だと思います。

資金を大きく失うような致命的な失敗は避けなければなりません。ただ、資金繰りに与える影響が小さいのであれば、小さく挑戦し、小さく失敗を重ねていくことで、売上が増える可能性は大きくなっていきますし、その結果として輸出入も継続しやすくなります。

輸出入代行は安定的に稼げるようになることがゴールではありません。むしろそこがスタートでもあり、Amazonを筆頭とするプラットフォームの成長、商品のトレンドの変化、市場の変化などに対応していく必要があります。

本書で紹介してきたカートの取り方、アカウントの守り方、「儲からない」や「飽きる」といった問題を乗り越えることなどは、いわばスタートを切る前の助走の部分であり、この段階で8割くらいの人がやめてしまっているのです。

助走の段階を無事に通過できたら、次は挑戦と失敗を通じてショップの質やセラーとしての能力を進化させていきます。

その時々の変化を取り入れながら、ダーウィンの進化論に書かれているように稼ぎ方を変化させていきます。

例えば、在庫を持つＦＢＡ販売を始めることも輸出を始めることも挑戦です。

その時点ですでに無在庫輸入はうまくいっているはずですから、うまくいった要素を抽出し、活かしていくことで、挑戦が失敗につながるリスクを抑えることもできます。

もちろん、想定どおりにいかないこともあるでしょう。しかし、多少の失敗は覚悟しておかなければなりません。筋トレによって筋肉組織が壊れ、再生する時に強くなるのと同じで、何度か失敗しても、その経験が将来に活かせるヒントになればいいのです。

また、失敗する可能性を受け入れたうえで挑戦する場合は、うまくいかなかったとしても失敗ではなく、テストです。子どもがテストを受けて賢くなっていくのと同じで、事業もテストを通じて強くなります。

もちろん、テストを受けるためにはテスト勉強が必要ですから、前述した学びの積み重ねも大切です。この点も仕入れと販売の繰り返しと同じで、学びとテストの繰り返しが継続力を高めることにつながっていくのだと思います。

ゼロイチを最短最速で駆け抜ける

挑戦と失敗を繰り返すほど事業は盤石になります。

無在庫輸入を軸に、ＦＢＡ販売、個人輸出へと範囲を広げたり、外注化とツールの導入によって作業を半自動化していけば、収入源と収入額が増えるとともに、収入源が分散化することによって収益もさらに安定しやすくなります。

この状態になると、「やる、やらない」や「続ける、諦める」といったことを考える必要がなくなります。

Amazon規約の変更やアカウントヘルスの変化など、事業において重要なポイントだけ抑えておけば、あとは半自動的に収益が入ってくるようになるため、やめる理由が見当たらなくなるのです。

やめる原因が発生するとすれば、アカウントヘルスが悪化すること、収益が伸び悩むこと、飽きることなどでしょう。これらは前章で説明したとおり対策がありますので、そう考えると、やはり輸出入をやめる原因も、やめざるを得なくなる原因も見当たらないのです。

重要なのは、いかに早くこの状態にたどり着くかだと思います。

輸出入をやめてしまうポイントはすべて事業が盤石になる手前にありますので、この不安定な状態をすばやく駆け抜けてしまえば、途中でやめてしまう可能性も排除できます。つまり、事業がないゼロの状態から事業が軌道に乗るイチの状態に到達するまでのステージを、最短最速で突破することが重要なのです。

そのために大事なのは、すぐやることです。

迷っている暇はありません。とりあえずやってみて、うまくいかなければ再挑戦します。やってみたいことがあり、いずれ挑戦するつもりなら、今やります。失敗も恐れず、失敗するリスクは受け入れるしかないと割り切って、どんどん経験を積みます。

この繰り返しを実行できる人は、いろいろなことに挑戦しますので、体当たりする数が増えます。失敗して戻り、また挑戦することを繰り返しますので、その分だけ経験は増えますが、傷だらけになりますし、走る総距離数も多くなります。

ただ、スクール生を見ている限り、このタイプの人が最も早くゼロイチを駆け抜けます。成功率が高い方法を吟味する人より、成功する可能性があることにかたっぱしから挑戦する方が早く結果が出るということです。

計画の良し悪しが効果を決める

ゼロイチはすばやく突破したい、でも、なんでもかんでも挑戦するのは怖い、できるだけ失敗は避けたいという人は、ＰＤＣＡのＰをしっかり考えると良いと思います。

Ｐは計画です。例えば、月商１００万円を目標とするなら、そのためにいつ、何品出品するか計画します。ＦＢＡ販売を始めるなら、どの商品を、いつ、どれだけ仕入れるのか決めます。また、そのような計画を踏まえて、今日やることを決めて、明日やることも決めます。

このＰが明確になっていないと、Ｄ（do）も定まりません。今日やることが決まらず、意味がないことをやったり、明日に先送りしたりして、ゼロイチの突破が遅れてしまうのです。

また、Ｐがあいまいで、Ｄが適当な状態になると、Ｃ（check）のポイントが分かりません。明日に先送りしたことを反省するだけで終わってしまい、「今日やることは、今日やる」のような、あまり意味のないＡ（action）で止まってしまうのです。

それを防ぐために、Ｐはしっかり考える必要があります。

１００品出品するなら、いつ出品するのか決めます。副業の場合は早朝や帰宅後に行うことになるでしょうから、１００品出品するためにどれくらい時間が掛かるかあらかじめ想定して、何時に起きるか、何時に帰ってくるか決めます。

９時に出社するために、７時に起き、８時に家を出ると決めているように、出品作業をしてから出社するために、６時に起き、７時から作業し、８時に家を出ると決めておくわけです。

仮に7時から8時までの1時間で出品作業が終わらなければ、その点をチェックし、6時ではなく5時半に起きようというアクションが取れます。

単純なことではあるのですが、このようにサイクルを回すことで、無駄がなくなり、ゼロイチの突破もスピードアップできると思います。

輸出入代行の先に待っている未来

ゼロイチを突破してしまえば、よほどのことがない限り輸出入代行は続けられます。やめる必要がなくなり、雇われない生き方の経済的な基盤も固まります。

ただ、永遠に続くかというと、それは難しいだろうと思います。どんな事業も廃れるリスクはありますし、当人の意識として、新しいことに挑戦したくなる気持ちも芽生えるだろうと思うからです。

私自身に関しても、一生輸出入で食べていくかと問われたら、いいえと答えます。輸出入が嫌なわけではなく、それ以外のこともいろいろとやってみたいのです。これは輸出入代行に限ったことではなく、住む場所、ライフスタイル、友人関係などさまざまなことに共通していえることだと思います。

人が変化する生きものである以上、ずっと同じことをやっていくのはつらいのです。では、輸出入で安定した生活が手に入った先にはどんな展開があるのでしょうか。本書の最後に、雇われない生き方の未来について考えてみましょう。

人生設計というと難しく考えてしまいがちですが、雇われない生き方で重要なのは、今、目の前にある恵まれた環境を活かすことだと思います。

輸出入代行がその典型です。この仕事はシンプルで、やろうと思えば今日からできます。パソコンがあればできますし、自分の目標を掲げ、自分のペースで自由に取り組むことができます。

ただし、あくまでも手段です。目的は雇われない生き方を実現することで、セラーになることではありません。

現時点で輸出入代行が雇われない生き方を実現する最適な手段であるなら、躊躇なく取り組むのが良いと思います。使える手段は使いましょう。稼げるチャンスを逃さず、稼げる時に稼ぎましょう。目的を達成するために手段を選んではいけません。手段は選ぶものではなく使うものです。それが雇われない生き方を実現する極意だと思います。

言い方を変えると、10年後に輸出入代行より良い方法が生まれているとしたら、その時は躊躇せず、効率よく稼げる方法を取り入れたほうが良いということです。いつでも小回りが利く状態を維持しつつ、その時々の最適な方法で効率よく稼ぐことが、雇われない生き方を実現する近道であり、維持していく最適な方法なのです。

仮に輸出入代行で儲けるのが難しくなったとしても、その頃にはすでに、売れるものを見極める力や、モノを売る力が備わっているはずです。雇われている時には身に付かなかった自力で稼ぐ力が身に付いています。

その力を応用すれば、在庫あり販売もメーカーから直の仕入れもできるでしょうし、自分で商品開発したり、ネットショップを作って売ることもできます。

また、輸入や物販で蓄積してきた知識を活かして、物流コンサルタントに転身したり、輸出入に関する情報発信で稼ぐこともできます。私もそのパターンで、輸出入で蓄積してきた知識、情報、経験、ノウハウを体系化し、輸出入をやってみたい人たちを支援するスクールを開きました。

輸出入代行は成功するチャンスがある方法ですが、その周辺にも成功できるチャンスがたくさんあります。私はスクールが面白そうだと思いましたが、ほかにもまだまだ面白い方法が隠れていそうです。

そのような可能性を見つけ、自由に挑戦できるのが雇われない生き方の魅力です。

新たな挑戦を通じ、ずっとワクワクを感じ続けられることが、雇われない生き方を選ぶ価値である、雇われない生き方を選んだ人だけに与えられる未来なのだと思います。

おわりに

本書を最後までお読みいただき、本当にありがとうございます。

私自身は、書籍を読むことがとても苦手です。文章を書くこともとても苦手です。私の部屋には、いわゆる「積読本」が大量にあります。書籍を読むことは苦手ですが、書籍を購入することは好きなのです。それは、なんとなく知識が増えた気になるからです。生粋のノウハウコレクターなのです。

こんな私でも、とあることがきっかけで、幻冬舎さまと出会うことができ、書籍出版という夢のような体験をすることができました。

おそらく、あとがきを読まれているあなたは、本書を最後まで読んでいただいたことでしょう。本書を、一人でも多くの方に手に取っていただき、私のように、「雇われない生き方」を実現する人が、一人でも世の中に増えたら、少しだけでも社会に貢献できたのではないかと思います。

たとえ実現できなかったとしても、一歩前に踏み出す勇気を、少しでも持っていただけたら、私で役に立つことがあれば、背中を押してあげたい気持ちです。

伝えたいことは、本書に書かせていただいたこと以外にもたくさんあります。ブログやメールマガジンでも、情報を発信しているので、ご興味があれば、是非、ご購読いただけるとうれしいです。

「雇われない生き方」には、一歩前に踏み出す「勇気」と、個人のチカラで収入を得ていく「覚悟」が必要になります。

また、誰にも依存しない「自由」というメリットの裏側には、誰にも依存することができない「孤独」というデメリットを抱えています。

私は、副業や今後起業をしたい方向けのビジネスコミュニティを運営していますが、「雇われない生き方」に夢と希望をもって取り組むものの、志半ばでその道を諦めていく人たちも、当然のことながらたくさん見てきています。

ただ、人生は一度きりです。

・毎日、満員電車で通勤するのが嫌だ
・上司に、指図されるのが我慢ならない
・いくら頑張っても上がらない役職と給与に将来への不安がある
・休日は、仕事で疲れた体を休めるためだけに過ごしている

などという、ネガティブな感情を持ちながら生きていくことから抜け出せるチャンスは、いくらでもあるのです。

・毎日、好きな時間まで寝ていたい
・自分の好きなことを仕事にしたい
・自分が頑張っただけ、報酬が返ってくる
・好きな時に、海外旅行に行きたい

大成功などしなくても、大金持ちにならなくても、一歩踏み出すことで、人生なんて

1、2年で大きく変えることができるものです。

もちろん、

・だれでも
・楽して
・努力せず
・学びもせず

「雇われない生き方」

を、手にすることは可能です。

だって、今すぐに、雇われている会社を辞めればよいだけなのだから。

しかし、本来実現したいのは、そういう生き方ではないと思います。「雇われず」かつ「豊かな」生活だと思います。

本書を手に取っていただき、最後までお読みいただいたのも、何かのきっかけかと思います。

本書で書かせていただいている内容は、一つの「人生を大きく変えるための手段」でしかありません。

もし、本書を通して、何かを感じていただけましたら、まずは、本書をもとに、Amazonでの個人輸出入をスタートしてみてください。

その際に、私が役に立つようであれば、セミナーも定期的に開催しておりますので、足を運んでいただけたら幸いです。

大越雄介（おおこし・ゆうすけ）

1979年生まれ。酒類の小売チェーン店にて店長を務めている時に「雇われる」ことへの不安を感じ、独立の道を模索。「自由になること」を目標に、巷に溢れている儲かりそうなビジネス、おいしそうな話、怪しい話に飛びつきながら、インターネットを使う輸出入ビジネス（ネット輸出入ビジネス）と出会い、可能性を見いだす。2014年に退職。独学でAmazonをプラットフォームとする個人の輸入ビジネスをスタート。３カ月後、月商100万円を達成。会社を設立して輸入、輸出ビジネスを広げる一方、同じように輸出入を手掛ける人（個人）に向けた発送代行業などのサービスを事業化。現在は無在庫販売をテーマとするスクールを開校し、独立を目指す人や副業で収入アップを目指す人を支援している。
株式会社 LLR Marketing 代表取締役
株式会社 雇われない生き方 代表取締役
株式会社 世界をツナグ 取締役
株式会社 ARQPLUS 取締役

雇われない生き方を手に入れるためのファーストステップ
「2015年から稼ぎ続けている無在庫輸入パーフェクトメール講座」

Amazon個人《こじん》輸出《ゆしゅつ》＆輸入《ゆにゅう》で
実現《じつげん》する「雇《やと》われない生《い》き方《かた》」

2020年1月21日　第1刷発行

著　者　　　大越雄介
発行人　　　久保田貴幸

発行元　　　株式会社 幻冬舎メディアコンサルティング
〒151-0051　東京都渋谷区千駄ヶ谷4-9-7
電話　03-5411-6440（編集）

発売元　　　株式会社 幻冬舎
〒151-0051　東京都渋谷区千駄ヶ谷4-9-7
電話　03-5411-6222（営業）

印刷・製本　瞬報社写真印刷株式会社
装　丁　　　三浦文我

ISBN 978-4-344-92666-0 C0034
幻冬舎メディアコンサルティングHP
http://www.gentosha-mc.com/